国家电网有限公司
STATE GRID
CORPORATION OF CHINA

（2022 版）

国家电网有限公司供应商资质能力信息核实规范

第三册

营销、二次设备、信息化设备、通信设备

国家电网有限公司　组编

中国电力出版社
CHINA ELECTRIC POWER PRESS

内 容 提 要

本书是"国家电网有限公司供应商资质能力信息核实规范（2022版）"中的《营销、二次设备、信息化设备、通信设备》分册，包括电能表供应商、用电信息采集系统供应商、电动汽车直流充电设备供应商、变电站（含智能变电站）用保护类产品供应商、变电站（含智能变电站）安全稳定自动控制装置产品供应商、变电站（含智能变电站）自动化系统及设备供应商、信息设备制造商、通信设备集成服务及新建通信网设备供应商8项资质能力核实规范。

本书可供电力企业物资管理、数据管理等相关专业的工作人员及电力企业物资供应商参考学习。

图书在版编目（CIP）数据

国家电网有限公司供应商资质能力信息核实规范. 第三册，营销、二次设备、信息化设备、通信设备：2022版 / 国家电网有限公司组编. —北京：中国电力出版社，2022.12
ISBN 978-7-5198-7137-6

Ⅰ.①国…　Ⅱ.①国…　Ⅲ.①电力工业–工业企业管理–供销管理–管理规程–中国　Ⅳ.①F426.61-65

中国版本图书馆 CIP 数据核字（2022）第 187467 号

出版发行：中国电力出版社
地　　址：北京市东城区北京站西街 19 号（邮政编码 100005）
网　　址：http://www.cepp.sgcc.com.cn
责任编辑：王蔓莉
责任校对：黄　蓓　李　楠
装帧设计：张俊霞
责任印制：石　雷

印　　刷：三河市百盛印装有限公司
版　　次：2022 年 12 月第一版
印　　次：2022 年 12 月北京第一次印刷
开　　本：787 毫米×1092 毫米　16 开本
印　　张：7
字　　数：153 千字
印　　数：0001—3000 册
定　　价：38.00 元

编 委 会

工 作 组

组 长　熊汉武

副组长　孙　萌　　樊　炜　　储海东　　陈金猛

成 员　牛艳召　　曾思成　　刘岩松　　党　冬　　黄　柱　　宋述贵

　　　　张　斌　　张婧卿　　孔宪国　　王　冬　　倪长爽　　李　凌

　　　　耿　庆　　王　兵　　刘　松　　李　萍　　谢晓非　　郝嘉诚

　　　　汪　贝　　姜璐璐　　李思行　　许志斌　　田　宇　　刘晨晨

　　　　崔　强　　高彦龙　　王　伟　　吴春生　　周　京　　冯三勇

　　　　孙宏志　　陈之浩　　韩　飞　　陈　瑜　　骆星智　　章义贤

　　　　谢先明　　吴　云　　车东昀　　吴皇均　　王杨宁　　周银春

　　　　金涌川　　范文波　　董德坤　　刘红星　　李　珂　　南　天

　　　　陈文强　　李伟锋　　张　亮　　王倩倩

《国家电网有限公司供应商资质能力信息核实规范（2022版）第三册 营销、二次设备、信息化设备、通信设备》本册编写人员

李小兵　徐　晴　陈金猛　张婧卿　孔宪国　王　冬

倪长爽　王　兵　李　萍　郝嘉诚　汪　贝　刘　松

姜璐璐　李思行　吴　华　古长周　魏　巍　贾昭华

王文静　徐　凯　杨国生　李　伟　李红志　邓春宇

姜洪浪　江小强　左　嘉　祝恩国　刘文松　夏怡虹

张双沫　刘　宣　孟凡提　戚佳金　李涛永　万景飞

唐攀攀　桑　林　董　晨　俞拙非　张洪亮　刘慧海

吴玉林　聂清江　杨　松　周永荣　王树岭　顾中坚

杨　远　张合明　王占魁　曹　宇　刘　军　纪　翔

房　芳　刘　莉

前　言

　　国家电网有限公司采购电网设备材料主要采用公开招标的方式。在电网设备材料的招标文件中，对投标人的资质业绩、生产能力做了明确要求。供应商投标时，在投标文件中需要提供与资质业绩、生产能力相关的大量支持文件，专家在评标时也只能根据投标文件对供应商进行评价。为减少供应商制作投标文件时的重复性劳动，国家电网有限公司开展供应商资质能力信息核实工作。

　　为确保供应商资质能力信息核实工作的严谨规范，国家电网有限公司组织编制了涵盖主要输变电设备材料等物资的供应商资质能力信息核实规范，并按物资类别及适用范围分编为35kV及以上输变电设备，35kV及以上输变电装置性材料，营销、二次设备、信息化设备、通信设备，配电网设备和配电网材料五册，对供应商资质情况、设计研发、生产制造、试验检测、原材料/组部件管理等方面的核实内容、核实方法、有关要求做了明确的规定。核实规范是国家电网有限公司开展供应商资质能力信息核实的依据，同时供应商也可以对照进行自查和改进。

　　当前，面临保障安全可靠供应、加快清洁低碳转型、助力实现"双碳"目标重大战略任务，国家电网有限公司积极发挥能源电力产业链供应链链主企业优势，引导供应商向绿色制造、智能制造、低碳制造发展，在供应商资质能力信息核实规范中增加了供应商绿色化、智能化、数字化转型等方面的内容，适用范围扩展到特高压设备、材料等，同时依据现行国家标准、行业标准、团体标准、企业标准等标准化文件，对核实规范条款进行了优化完善。

　　国家电网有限公司将供应商资质能力信息核实作为一项常态化工作，定期组织开展，供应商自愿参加。供应商将相关资质业绩信息填入电子商务平台中的结构化模板，国家电网有限公司组织相关专家根据供应商提交的支持性材料，以及通过现场核对的方式对电子商务平台中的信息进行核实。已核实的资质能力信息，供应商投标时应用，可不再出具对应事项的原始证明材料，实现"基本信息材料一次收集、后续重复使用并及时更新"。这不仅大大降低了投标成本，也避免了供应商在制作投标文件时因人为失误遗漏部分材料而导致的废标，进一步优化了营商环境。

　　资质能力信息核实并非参与投标的前置必备条件，未参加核实的供应商仍可正常参与招投标活动。国家电网有限公司没有"合格供应商名录"。2020年开始，取消"一纸证明"发放，强化信息在线公示及应用，供应商随时登录电子商务平台查看，核实过的资质能力信息，供应商投标时直接在线应用，但不是资格合格标志，只作为评标时评审参考。

核实规范在编制中，得到了国家电网有限公司各单位、相关专家及部分供应商的大力支持与配合，在此表示衷心的感谢！

核实规范涉及内容复杂，不足之处在所难免，希望国家电网有限公司系统内外各单位及相关供应商在应用过程中多提宝贵意见。

编　者

2022 年 10 月

总 目 录

电能表供应商资质能力信息核实规范

目　　次

电能表供应商资质能力信息核实规范

1 范围

本文件规定了国家电网有限公司对电能表产品供应商的资质条件以及制造能力信息进行核实的依据。

本文件适用于国家电网有限公司电能表产品供应商的信息核实工作。包括：

a) A 级单相智能电能表；

b) B 级三相智能电能表；

c) C 级三相智能电能表；

d) D 级三相智能电能表；

e) A 级单相智能物联电能表；

f) B 级三相智能物联电能表；

g) C 级三相智能物联电能表；

h) D 级三相智能物联电能表；

i) E 级三相智能物联电能表；

j) 高防护智能电能表。

2 规范性引用文件

下列文件中的内容通过文中的规范性引用而构成本文件必不可少的条款。其中，注日期的引用文件，仅该日期对应的版本适用于本文件；不注日期的引用文件，其最新版本（包括所有的修改单）适用于本文件。

Q/GDW 10364—2020 单相智能电能表技术规范

Q/GDW 10827—2020 三相智能电能表技术规范

Q/GDW 12175—2021 单相智能物联电能表技术规范

Q/GDW 12178—2021 三相智能物联电能表技术规范

3 资质信息

3.1 企业信息

3.1.1 ※基本信息

查阅营业执照。

供应商为中华人民共和国境内依法注册的法人或其他组织。

3.1.2　法定代表人/负责人信息

查阅法定代表人/负责人身份证（或护照）。

3.1.3　财务信息

查阅审计报告（含财务报表），审计报告为具有资质的第三方机构出具。

3.1.4　注册资本和股本结构

查阅验资报告。

3.2　报告证书

3.2.1　全性能试验报告

查阅全性能试验报告、送样样品生产过程记录以及其他支撑资料。

a) 全性能试验报告为电力行业权威计量检测机构出具的有效报告。

b) 全性能试验报告的委托方和产品制造方是供应商自身。

c) 全性能试验报告所有试验项目的技术指标符合国家电网有限公司企业标准，总结论为合格。

d) 当产品在设计方案、生产工艺以及使用的材料、主要元器件/组部件做重要改变时，重新进行全性能试验。

3.2.2　※计量器具型式批准证书

查阅计量器具型式批准证书。

计量器具型式批准证书（CPA证）覆盖范围涵盖被核实产品。

3.2.3　可靠性预计报告

查阅可靠性预计报告。

3.2.4　※管理体系认证

查阅管理体系认证证书，具有质量管理体系证书，证书在有效期内，有定期年检记录且认证范围涵盖被核实产品。

3.3　产品业绩

查阅供货合同及相对应的销售发票。

a) 合同的供货方和实际产品的生产方均为供应商自身。

b) 不同类别产品之间业绩不可相互代替。

c) 出口业绩提供报关单，出口业绩合同提供中文版本或经公证后的中文译本。

d) 不予统计的业绩有（不限于此）：

    1) 与同类产品制造厂之间的业绩。

    2) 作为元器件、组部件的业绩。

    3) 供应商与经销商、代理商之间的业绩（出口业绩除外）。

4　设计研发能力

4.1　技术来源与支持

查阅技术来源、设计文件图纸（原理图、PCB文件、材料清单）相关信息。

4.2 设计研发内容

查阅新产品的设计、试验、关键工艺技术、质量控制方面的研发情况。

4.3 设计研发人员

查阅设计研发部门的机构设置及人员信息。

具有设计研发人员。

4.4 获得专利情况

查阅发明专利、实用新型专利（与电能表有关的专利）。

4.5 参与标准制（修）订情况

查阅参与制定并已颁布的国家标准、行业标准、团体标准等证明材料信息（与电能表相关的标准）。

4.6 产品获奖情况

查阅产品获奖证书等相关信息（与电能表相关的获奖）。

4.7 高新企业（创新企业）资质情况

查阅企业资质证书。

4.8 商业信誉

查阅企业相关国家、行业或第三方发布的综合实力、品牌等排名。

5 生产制造能力

5.1 ※生产厂房

查阅不动产权证书、土地使用权证、房屋产权证、房屋租赁合同、用电客户编号等相关信息。

有独立封闭的厂房，厂房可以自有或租用。厂房面积、洁净程度满足生产需要，总装车间具有适宜的温度（一般为 $25℃±5℃$）、相对湿度（一般为 $60\%±15\%RH$）和洁净度，以及防尘、防静电措施，并有措施可以保障人员以及产品或组部件的进出不会明显影响到总装车间的环境条件。

5.2 ※生产工艺

查阅工艺控制文件、管理体系文件、工艺流程控制记录。

a) 具有完整的工艺文件，文件中所依据的标准不低于现行国家标准，各工艺环节中无国家明令禁止的行为，工艺文件具有可操作性，能够有效指导生产。生产现场按照工艺文件执行，能够满足国家电网有限公司对产品的技术要求。

b) 生产工序工艺文件包含以下内容：贴片工艺、回流焊工艺、贴片质量检查工艺（如 AOI）、插件及波峰焊工艺、手焊工艺、清洗工艺、程序烧录工艺（含参数设置）、线路板功能测试工艺、"三防"（防尘、防潮、防腐）工艺、装配/总装工艺、整机高温老化工艺、调校工艺、出厂检验工艺、包装工艺。

c) 以下工艺具有工艺文件：程序烧录工艺（含参数设置）、线路板功能测试工艺、装配/总装工艺、整机高温老化工艺、调校工艺、出厂检验工艺、包装工艺。生产现场按照相应的工艺文件严格执行。

d) 具有严格的生产过程工艺控制，查阅供应商近期订单的全过程生产流程控制记录，记录包括以下内容：原材料入库及检验、程序烧录（含参数设置）、线路板功能测试、装配/总装、整机高温老化、调校、出厂检验、包装、成品出入库。生产流程控制记录具有详细的数据支持。

5.3 ※生产设备

查阅设备的现场实际情况，设备购置合同、购买发票等相关信息。

a) 具有与生产产品相适应的设备，主要生产设备包括线路板功能测试设备、总装流水线或装配流水线、误差调校装置、老化室、带电老化设备或走字试验装置、耐压试验装置、电能表检验装置、包装流水线。主要生产设备为自有，不能租用、借用其他公司的设备。

b) 生产设备、工艺装备的种类、数量、准确度等级及相应的检测手段能满足生产、工艺和完成过程检验、出厂检验项目的要求。

c) 生产中使用的计量器具及检测设备［误差调校装置、电能表检验装置（包括标准表、标准时钟源及检验装置）、耐压试验装置］具备有效期内合格的检定/校准证书或检测报告。

5.4 生产、技术、质量管理人员

查阅人力资源部门管理文件（如劳动合同、人员花名册等），包括生产、技术、质量管理等人员数量，结合现场实际情况，观察现场人员的操作水平。人员应符合以下要求：

a) 具有生产需要的专职生产及技术人员，不得借用其他公司的人员。各个生产环节的员工能够熟练操作设备、工装器具，并能得到定期培训。

b) 具有质量管理组织机构、质量管理部门及人员。

6 试验检测能力

6.1 试验场所

查看试验场所现场情况。

具有固定的试验场所。试验场所具备与试验相适应的工作环境条件，具有温度（23℃±2℃）、相对湿度（60%±15%RH）控制，防尘、防静电措施。

6.2 ※试验检测管理

查阅相关的规章制度文件、过程记录以及出厂试验报告等相关信息。

具有试验场所管理制度、操作规程、试验标准以及完整的试验数据记录。

6.3 试验检测设备

查阅设备的现场实际情况及购买发票等相关信息，试验设备应符合以下要求：

a) 主要的试验设备包括：电能表检验装置（最高标准）、高低温试验设备、时钟测试设备、负荷开关检测设备、智能电能表 ESAM 模块测试设备、静电放电设备、快速瞬变脉冲群设备、浪涌设备、射频传导设备、衰减振荡波设备、电压跌落设备（电压暂降和短时中断试验设备）、直流和偶次试验设备、恒定磁场试验装置、外磁场试验装置、功率消耗测试装置、电源跌落试验装置（电源影响试验装置）、冲击电流试验装置、交流耐压试验装置、点温度计、冲击试验装置、振动试验装置、交变湿热箱、阳光辐射试验装置、灼热丝试验装置、防尘试验装置、防水试验装置、脉冲电压试验装置、频谱分析仪、传导差模电流干扰试验设备等。

b) 针对每项试验项目，试验中使用的计量器具及检测设备具备有效期内合格的检定/校准证书或检测报告（智能电能表 ESAM 模块测试设备除外）。

6.4 试验检测人员

查阅人力资源部门管理文件（如劳动合同、人员花名册等）。

a) 具有相应数量的试验检测人员，不能借用其他公司的人员。

b) 试验检测人员能熟练操作试验设备和仪器仪表，并掌握试验方法、熟悉产品标准，能熟练和准确判断试验结果是否满足产品标准要求。试验人员具备进行费控功能试验、载波通信试验、微功率无线通信试验、交流电压试验等试验的能力。

6.5 ※现场抽样检测

原则上现场应对与被核实产品相同或相近型式的产品进行抽样检验。样品应在供应商声明的合格产品中抽取，抽样检验项目一般在出厂试验项目中选取。抽样检验重点核实供应商试验方法、试验场地环境、人员操作能力、仪器设备有效性和产品性能等方面。

被核实产品数量及类型满足抽样检测要求（与全性能试验报告对应的产品，每类产品不少于 20 只成品），现场随机抽取每类产品各 3 只，进行全部试验项目检测（试验项目应符合附录 A）。试验报告具有详细的数据支撑。

7 原材料/组部件管理

7.1 管理规章制度及执行情况

查阅原材料/组部件（元器件）管理规章制度及执行情况。

元器件包括计量芯片、CPU 芯片、液晶、电解电容、片式电容、压敏电阻、片式电阻、电流互感器、电压互感器、负荷开关、晶振、片式二极管、光电耦合器、时钟芯片、电池等。元器件应符合以下要求：

a) 具有基于元器件应力法的可靠性预计报告（包括电源、通信、计量、显示、控制、存储等模块）、原材料管理制度、原材料进厂检验制度，并严格执行，记录明确。元器件采购、委外加工有严格的质量控制文件［包括元器件质量合同、通信模块的无线电发射设备型号核准证或电信设备进网许可证（针对三相费控电能表（无线）、国家权威机构颁发的 3C 认证（针对三相费控电能表（无线）、采购质量控制体系文件等］。

b) 主要元器件的采购、委外加工有供应商筛选制度，与行业内较优秀的供应商建立长期合作关系，并有健全的质量保障制度。

c) ※对于直接影响产品质量的元器件（液晶、电解电容、压敏电阻、电流互感器、电压互感器、负荷开关、晶振、光电耦合器、电池等）进行入厂检验，检验规则符合相关国家标准、行业标准和企业所制定的规定。对于过于简单、流于形式的进厂检验，如只有结论是否合格而无任何支撑检测数据的进厂检验报告，认定为无效。对于个别元器件（如计量芯片、CPU 芯片、时钟芯片）可以委托其他具有检验能力的单位进行检验，并提供检验报告。

现场随机抽取 5 种元器件，具备采购合同、质量保证书、供应商评估、质量记录及进厂检验文件，并严格按照进厂检验制度执行；同时现场进行检验，元器件检验人员能熟练操作试验设备和仪器仪表，并掌握试验方法、熟悉产品标准，能熟练和准确判断试验结果是否满足标准要求。

7.2 委外加工管理控制

查看原材料/组部件委外加工管理控制情况。

委外加工具有相应的管理制度，并严格执行，包括供应商筛选制度、委托加工合同、质量管控措施、验收制度及记录等。

委外加工主要包括贴片、回流焊、插件及波峰焊、铭牌印刷、结构件（外壳、端子座、螺丝、底座、表盖等）等。

8 数智制造

应用互联网和物联网技术，打造"透明工厂"，生产制造、试验检验、原材料/组部件管理等信息对买方公开，接入国家电网电工装备智慧物联平台。

加强数字基础设施建设，推动数字技术与先进制造技术融合发展。供应商相关业务数据、原材料/组部件检验数据、生产过程检验数据、出厂试验数据、成品信息数据和视频数据等支持自动采集或系统推送。数据接口需保障数据完整性、正确性、安全性，具有可扩展性、通信实时性等。

具有原材料/组部件数据及检验数据接入条件，从原材料采购直至原材料检验入库过程中关键工艺主要包括压敏电阻、光电耦合器、晶体谐振器、瞬变二极管、时钟电池、液晶、电流互感器 7 项。

具有工艺控制数据及检测数据接入条件，生产工艺流程中关键工艺主要包括印制电路板贴装检验、单板测试检验、电池电流检测、回流焊、波峰焊、老化室 6 项。

具有出厂试验数据接入条件，关键试验流程包括耐压测试、初始固有误差、初始固有误差详情、日计时误差、参数设置 5 项。

具有视频接入条件，设备视频数据采集应包括原材料库区域、产品下线区域、成品检验区域和成品库。

9 绿色发展

查看供应商资源能源消耗情况、战略体系、绿色认证及其他支撑材料，包括：

a) 相关油、水、气、煤及电力、热力等能源消耗，建立能源利用统计报表制度，分析生产经营环节能源利用情况。

b) 相关绿色工厂认证、绿色产品标识、绿色供应链管理等相关资质文件。

c) 将绿色发展理念融入战略体系中，并形成明确的绿色发展目标，制定详实且具有操作性的实施路径。

d) 建立、实施并保持支撑企业绿色低碳发展的绿色管理体系情况，包括但不限于能源管理体系、碳排放管理体系、能源计量管理体系等。

e) 使用无害原材料，禁止使用国家明令禁止的淘汰设备、工艺技术等，并应用国家鼓励的节能设备与先进工艺技术情况。

f) 建立完善的绿色采购管理制度，推广绿色包装材料应用，并建立系统的循环利用体系，实施绿色制造情况。

g) 生产环节的大气污染物排放、水体污染物排放、固体废弃物排放、噪声排放等基础排放符合相关国家标准及地方标准要求情况。

10 售后服务及产能

10.1 售后服务

查阅管理文件、组织机构设置、人员档案、售后履约服务证明（附录 C）以及售后服务记录等相关信息。

10.2 产能

生产能力按照 16h 每日工作时间内供应商能够达到的最大生产能力，最大生产能力以调校能力、老化能力、出厂检验能力中的瓶颈环节来确定并考虑原材料/组部件采购能力等因素，年生产能力按照每年 365 天工作时间计算。电能表和用电信息采集系统共线生产时，产能总量不超出单一产品产能的最大值。产能计算公式应符合附录 B。

供应商与电解电容、光电耦合器、负荷开关、时钟芯片、结构件（外壳、端子座、螺丝、底座、表盖等）原材料供货商（国产器件为原厂商，进口器件为原厂商或一级代理商）建立长期战略合作伙伴关系，如缺少一种产能扣减 10%。

本文件中所有核实内容都将对供应商参与招投标活动有重要影响，其中标记"※"的内容是以往招标必备项的要求，也是重点核实内容，其他未标记"※"的为一般核实内容。

附 录 A
试 验 项 目

现场抽样检测试验项目应符合表 A.1 和表 A.2 的要求。

表 A.1 单 相 电 能 表

序号	试验项目	试验依据	试验样品数量
1	外观检查	Q/GDW 10364—2020《智能电能表》 Q/GDW 12175—2021《智能物联电能表》	3 只
2	初始固有误差		
3	电能表常数试验		
4	起动试验		
5	潜动试验		
6	日计时误差		
7	交流电压试验		
8	通信规约一致性		

表 A.2 三 相 电 能 表

序号	试验项目	试验依据	试验样品数量
1	外观检查	Q/GDW 10827—2020《智能电能表》 Q/GDW 12178—2021《智能物联电能表》	3 只
2	初始固有误差		
3	电能表常数试验		
4	起动试验		
5	潜动试验		
6	日计时误差		
7	交流电压试验		
8	通信规约一致性		
9	电子指示显示器电能示值组合误差		
10	需量示值误差		

附　录　B
产　能　计　算　公　式

B.1　单相电能表

$$调校能力 = CNT/t$$

式中：

C——每台装置调校数量；

N——调校装置数量；

T——每天按 16h 计算；

t——每轮次调校时间参考值。

$$老化能力 = NRT/t$$

式中：

N——老化室可容纳带电老化车最大数量；

R——每台带电老化车挂表量；

T——每天按 24h 计算；

t——老化时间按 24h 计算。

$$出厂检验能力 = FNT/t$$

式中：

F——每台装置出厂检验数量；

N——出厂检验装置数量；

T——每天按 16h 计算；

t——每轮次出厂检验时间参考值（1h/轮次）。

注：如果调校和出厂检验使用同一台设备，t 的时间按照调校＋出厂检验时间计算。

B.2　三相电能表

$$调校能力 = CNT/t$$

式中：

C——每台装置调校数量；

N——调校装置数量；

T——每天按 16h 计算；

t——每轮次调校时间参考值。

$$老化能力 = NRT/t$$

式中：

N——老化室可容纳带电老化车最大数量；

R——每台带电老化车挂表量；

T——每天按 24h 计算；

t——老化时间按 24h 计算。

$$出厂检验能力 = FNT/t$$

式中：

F——每台装置出厂检验数量；

N——出厂检验装置数量；

T——每天按 16h 计算；

t——每轮次出厂检验时间参考值（1.5h/轮次）。

注：如果调校和出厂检验使用同一台设备，t 的时间按照调校＋出厂检验时间计算。

附 录 C
售 后 履 约 服 务 证 明

售后履约服务证明（格式）

兹证明＿＿＿公司在国网＿＿＿公司设立了售后履约服务团队，该服务团队技术人员能够在接到买方通知后 12h 内给予答复并在 48h 内到达现场，并在 5 个工作日内提交解决方案。该团队常设办公地点位于＿＿＿，常设服务人员＿＿＿人，其中专业技术人员＿＿＿人。

特此证明。

出具单位公章

年 月 日

用电信息采集系统供应商资质能力信息核实规范

目　　次

用电信息采集系统供应商资质能力信息核实规范

1 范围

本文件规定了国家电网有限公司对用电信息采集系统产品供应商的资质条件以及制造能力信息进行核实的依据。

本文件适用于国家电网有限公司用电信息采集系统产品供应商的信息核实工作。包括：

a) 采集器；

b) 集中器；

c) 专变采集终端；

d) 能源控制器（公变）；

e) 能源控制器（专变）。

2 规范性引用文件

下列文件中的内容通过文中的规范性引用而构成本文件必不可少的条款。其中，注日期的引用文件，仅该日期对应的版本适用于本文件；不注日期的引用文件，其最新版本（包括所有的修改单）适用于本文件。

DL/T 698.45—2017　电能信息采集与管理系统　第4-5部分：通信协议—面向对象的数据交换协议

T/SMI 1013—2021　能源控制器技术规范

T/SMI 1014—2021　能源控制器功能模组技术规范

T/SMI 1015—2021　能源控制器型式规范

T/SMI 1016—2021　能源控制器功能模组型式规范

T/SMI 1017.1—2021　能源控制器软件及接口技术规范　第1部分：操作系统

T/SMI 1017.2—2021　能源控制器软件及接口技术规范　第2部分：硬件抽象层

T/SMI 1017.3—2021　能源控制器软件及接口技术规范　第3部分：App功能及接口

T/SMI 1017.4—2021　能源控制器软件及接口技术规范　第4部分：功能模组接口协议

T/SMI 1018—2021　能源控制器检验技术规范

T/SMI 1019—2021　能源控制器功能模组检验技术规范

T/SMI 1020—2021　能源控制器软件检验技术规范

Q/GDW 10373—2019　用电信息采集系统功能规范

Q/GDW 10374.1—2019　用电信息采集系统技术规范　第 1 部分：专变采集终端

Q/GDW 10374.2—2019　用电信息采集系统技术规范　第 2 部分：集中抄表终端

Q/GDW 10374.3—2019　用电信息采集系统技术规范　第 3 部分：通信单元

Q/GDW 10375.1—2019　用电信息采集系统型式规范　第 1 部分：专变采集终端

Q/GDW 10375.2—2019　用电信息采集系统型式规范　第 2 部分：集中器

Q/GDW 10375.3—2019　用电信息采集系统型式规范　第 3 部分：采集器

Q/GDW 10376.2—2019　用电信息采集系统通信协议　第 2 部分：集中器本地通信模块接口

Q/GDW 10376.3—2019　用电信息采集系统通信协议　第 3 部分：采集终端远程通信模块接口

Q/GDW 10379.1—2019　用电信息采集系统检验规范　第 1 部分：系统

Q/GDW 10379.2—2019　用电信息采集系统检验规范　第 2 部分：专变采集终端

Q/GDW 10379.3—2019　用电信息采集系统检验规范　第 3 部分：集中抄表终端

Q/GDW 10379.4—2019　用电信息采集系统检验规范　第 4 部分：通信单元

Q/GDW 11778—2017　面向对象的用电信息数据交换协议

3　资质信息

3.1　企业信息

3.1.1　※基本信息

查阅营业执照。

供应商为中华人民共和国境内依法注册的法人或其他组织。

3.1.2　法定代表人/负责人信息

查阅法定代表人/负责人身份证（或护照）。

3.1.3　财务信息

查阅审计报告（含财务报表），审计报告为具有资质的第三方机构出具。

3.1.4　注册资本和股本结构

查阅验资报告。

3.2　报告证书

3.2.1　全性能试验报告

查阅全性能试验报告、送样样品生产过程记录以及其他支撑资料。

a)　全性能试验报告为电力行业权威计量检测机构出具的有效报告。

b)　全性能试验报告的委托方和产品制造方是供应商自身。

c)　全性能试验报告所有试验项目的技术指标符合国家电网有限公司企业标准，总结论为合格。

d)　当产品在设计方案、生产工艺以及使用的材料、主要元部件做重要改变时，重新进行全性能试验。

e)　全性能试验报告满足 Q/GDW 11778—2017 或 DL/T 698.45—2017 的规定。

3.2.2 ※管理体系认证

查阅管理体系认证证书，具有质量管理体系证书，证书在有效期内，有定期年检记录且认证范围涵盖被核实产品。

3.3 产品业绩

查阅供货合同及相对应的销售发票。

a) 合同的供货方和实际产品的生产方均为供应商自身。

b) 不同类别产品之间业绩不可相互代替。

c) 出口业绩提供报关单，出口业绩合同提供中文版本或经公证后的中文译本。

d) 不予统计的业绩有（不限于此）：

    1) 与同类产品制造厂之间的业绩；

    2) 作为元器件、组部件的业绩；

    3) 供应商与经销商、代理商之间的业绩（出口业绩除外）。

4 设计研发能力

4.1 技术来源与支持

查阅技术来源、设计文件图纸（包括但不限于原理图、PCB 文件、材料清单）相关信息。

4.2 设计研发内容

查阅新产品的设计、试验、关键工艺技术、质量控制方面的研发情况。

4.3 设计研发人员

查阅设计研发部门的机构设置及人员信息。

具有设计研发人员。

4.4 获得专利情况

查阅发明专利、实用新型专利。

4.5 参与标准制（修）订情况

查阅参与制定并已颁布的国家标准、行业标准、团体标准等证明材料信息。

4.6 产品获奖情况

查阅产品获奖证书等相关信息。

4.7 高新企业（创新企业）资质情况

查阅企业资质证书。

4.8 商业信誉

查阅企业相关国家、行业或第三方发布的综合实力、品牌等排名。

5 生产制造能力

5.1 ※生产厂房

查阅不动产权证书、土地使用权证、房屋产权证、房屋租赁合同、用电客户编号等相关信息。

有独立封闭的厂房，厂房可以自有或租用。厂房面积、洁净程度满足生产需要，总装车间具有适宜的温度（一般为 25℃±5℃）、相对湿度（一般为 60%±15%）和洁净度，以及防尘、防静电措施，并有措施可以保障人员以及产品或组部件的进出不会明显影响到总装车间的环境条件。

5.2 ※生产工艺

查阅工艺控制文件、管理体系文件、工艺流程控制记录。

a) 具有完整的工艺文件，文件中所依据的标准不低于现行国家标准，各工艺环节中无国家明令禁止的行为，工艺文件具有可操作性，能够有效指导生产。生产现场按照工艺文件执行，能够满足国家电网有限公司对产品的技术要求。

b) 生产工序工艺文件包含以下内容：贴片工艺、回流焊工艺、贴片质量检查工艺（如 AOI）、插件及波峰焊工艺、手焊工艺、清洗工艺、程序烧录工艺（含参数设置）、线路板功能测试工艺、"三防"（防尘、防潮、防腐）工艺、装配/总装工艺、整机高温老化工艺、调校工艺、出厂检验工艺、包装工艺。

以下工艺具有工艺文件：程序烧录工艺（含参数设置）、线路板功能测试工艺、装配/总装工艺、整机高温老化工艺、调校工艺、出厂检验工艺、包装工艺。生产现场按照相应的工艺文件严格执行。

c) 具有严格的生产过程工艺控制，查阅供应商近期订单的全过程生产流程控制记录，记录包括以下内容：原材料入库及检验、程序烧录（含参数设置）、线路板功能测试、装配/总装、整机高温老化、调校、出厂检验、包装、成品出入库。生产流程控制记录具有详细的数据支撑。

5.3 ※生产设备

查阅设备的现场实际情况及购买发票等相关信息。

a) 具有与生产产品相适应的设备，主要生产设备包括线路板功能测试设备、总装流水线或装配流水线、误差调校装置、老化室、带电老化设备或走字试验装置、耐压试验装置、采集终端检验装置、包装流水线。主要生产设备为自有，不能租用或借用其他公司的设备。

b) 生产设备、工艺装备的种类、数量、准确度等级及相应的检测手段能满足生产、工艺和完成过程检验、出厂检验项目的要求。

c) 生产中使用的计量器具及检测设备［误差调校装置、采集终端检验装置（包括标准表、标准时钟源及检验装置）、耐压试验装置］具备有效期内合格的检定/校准证书或检测报告。

5.4 生产、技术、质量管理人员

查阅人力资源部门管理文件（如劳动合同、人员花名册等），包括生产、技术、质量管理等人员数量，结合现场实际情况，观察现场人员的操作水平。

a) 具有生产需要的专职生产及技术人员，不得借用其他公司的人员。各个生产环节的员工能够熟练操作设备、工装器具，并能得到定期培训。

b) 具有质量管理组织机构、质量管理部门及人员。

6 试验检测能力

6.1 试验场所

查看试验场所现场情况。

具有固定的试验场所。试验场所具备与试验相适应的工作环境条件，温度为 23℃±3℃，相对湿度为 60%±15%，具有防尘、防静电措施。

6.2 ※试验检测管理

查阅相关的规章制度文件、过程记录以及出厂试验报告等相关信息。

具有试验场所管理制度、操作规程、试验标准以及完整的试验数据记录。

6.3 试验检测设备

查阅设备的现场实际情况及购买发票等相关信息。

a) 主要的试验设备包括：静电放电设备、快速瞬变脉冲群设备、浪涌设备、衰减振荡波设备、电压跌落设备（电压暂降和短时中断试验设备）、时钟测试设备、采集终端检验装置、通信测试系统、采集终端 ESAM 模块测试设备、高低温试验设备、功率消耗测试装置、交流耐压试验装置、振动试验装置、交变湿热箱、防尘试验装置、防水试验装置、电能计量性能试验装置（适用于能源控制器）等。

b) 针对每项试验项目，试验中使用的计量器具及检测设备具备有效期内合格的检定/校准证书或检测报告（采集终端 ESAM 模块测试设备除外）。

6.4 试验检测人员

查阅人力资源部门管理文件（如劳动合同、人员花名册等）。

a) 具有相应数量的试验检测人员，不能借用其他公司的人员。

b) 试验检测人员能熟练操作试验设备和仪器仪表，并掌握试验方法、熟悉产品标准，能熟练和准确判断试验结果是否满足产品标准要求。试验人员具备进行载波通信试验、微功率无线通信试验、远程通信试验等试验的能力。

6.5 ※现场抽样检测

原则上现场应对与被核实产品相同或相近型式的产品进行抽样检验。样品应在供应商声明的合格产品中抽取，抽样检验项目一般在出厂试验项目中选取。抽样检验重点核实供应商试验方法、试验场地环境、人员操作能力、仪器设备有效性和产品性能等方面。

被核实产品数量及类型满足抽样检测要求（与全性能试验报告对应的产品，每类产品不少于 20 只成品），现场随机抽取每类产品各 3 只，进行全部试验项目检测（试验项目应符合附录 A）。试验报告具有详细的数据支撑。

7 原材料/组部件管理

7.1 管理规章制度及执行情况

查阅原材料/组部件（元器件）管理规章制度及执行情况。

元器件包括计量芯片、CPU 芯片、RS-485 芯片、以太网控制器、通信模块、液晶、电解电容、片式电容、压敏电阻、片式电阻、电流互感器、电压互感器、控制继电器、电源模块、晶振、片式二极管、光电耦合器、时钟芯片、电池、变压器、超级电容、GPS/北斗芯片等。

a) 具有原材料管理制度、原材料进厂检验制度，并严格执行，记录明确。元器件采购、委外加工有严格的质量控制文件（包括元器件质量合同、无线通信模块的无线电发射设备型号核准证或电信设备进网许可证、国家权威机构颁发的 3C 认证、采购质量控制体系文件等）。

b) 主要元器件的采购、委外加工有供应商筛选制度，与行业内较优秀的供应商建立长期合作关系，并有健全的质量保障制度。

c) ※对于直接影响产品质量的重要元器件（液晶、电解电容、压敏电阻、电流互感器、电压互感器、控制继电器、电源模块、晶振、光电耦合器、电池、变压器）进行入厂检验，检验规则符合相关国家标准、行业标准和企业所制定的规定；对于过于简单流于形式的进厂检验，如只有结论是否合格而无任何支撑检测数据的进厂检验报告，认定为无效。对于个别元器件（如计量芯片、CPU 芯片、RS-485 芯片、以太网控制器、通信模块、时钟芯片等）可以委托其他具有检验能力的单位进行检验，并提供检验报告。

现场随机抽取 5 种元器件，具备采购合同、质量保证书、供应商评估、质量记录及进厂检验文件，并严格按照进厂检验制度执行；同时现场进行检验，元器件检验人员能熟练操作试验设备和仪器仪表，并掌握试验方法、熟悉产品标准，能熟练和准确判断试验结果是否满足标准要求。

7.2 委外加工管理控制

查看原材料/组部件委外加工管理控制情况。

委外加工具有相应的管理制度，并严格执行，包括供应商筛选制度、委托加工合同、质量管控措施、验收制度及记录等。

委外加工包括贴片、回流焊、插件及波峰焊、铭牌印刷、结构件（外壳、端子座、螺丝、底座、表盖等）等。

8 数智制造

应用互联网和物联网技术，打造"透明工厂"，生产制造、试验检验、原材料/组部件管理等信息对买方公开，接入国家电网电工装备智慧物联平台。

加强数字基础设施建设，推动数字技术与先进制造技术融合发展。供应商相关业务数据、原材料/组部件检验数据、生产过程检验数据、出厂试验数据、成品信息数据和视频数据等支持自动采集或系统推送。数据接口需保障数据完整性、正确性、安全性，具有可扩展性、通信实时性等。

具有原材料/组部件数据及检验数据接入条件，从原材料采购直至原材料检验入库过程中关键工艺主要包括压敏电阻、光电耦合器、晶体谐振器、瞬变二极管 4 项。

具有工艺控制数据及检测数据接入条件，生产工艺流程中从单板贴片生产开始直至整机装配完毕过程中关键工艺主要包括印制电路板贴装检验、单板测试检验、电池电流检测、回流焊、波峰焊、老化室 6 项。

具有出厂试验数据接入条件，从耐压试验直至包装入箱过程中关键试验流程包括耐压测试、通信接口、交流模拟量、参数设置与查询 4 项。

具有视频接入条件，设备视频数据采集应包括回流焊，包括原材料库区域、产品下线区域、成品检验区域和成品库区域。

9 绿色发展

查看供应商资源能源消耗情况、战略体系、绿色认证及其他支撑材料，包括：

a) 相关油、水、气、煤及电力、热力等能源消耗，建立能源利用统计报表制度，分析生产经营环节能源利用情况。

b) 相关绿色工厂认证、绿色产品标识、绿色供应链管理等相关资质文件。

c) 将绿色发展理念融入战略体系中，并形成明确的绿色发展目标，制定详实且具有操作性的实施路径。

d) 建立、实施并保持支撑企业绿色低碳发展的绿色管理体系情况，包括但不限于能源管理体系、碳排放管理体系、能源计量管理体系等。

e) 使用无害原材料、禁止使用国家明令禁止的淘汰设备、工艺技术等，并应用国家鼓励的节能设备与先进工艺技术情况。

f) 建立完善的绿色采购管理制度，推广绿色包装材料应用，并建立系统的循环利用体系，实施绿色制造情况。

g) 生产环节的大气污染物排放、水体污染物排放、固体废弃物排放、噪声排放等基础排放符合相关国家标准及地方标准要求情况。

10 售后服务及产能

10.1 售后服务

查阅管理文件、组织机构设置、人员档案、售后履约服务证明以及售后服务记录等相关信息。售后履约服务证明（格式）应符合附录 B。

10.2 产能

生产能力按照 16h 日工作时间内供应商能够达到的最大生产能力，最大生产能力以调校能力、老化能力、出厂检验能力中的瓶颈环节来确定并考虑原材料/组部件采购能力等因素，年生产能力按照每年 365 天工作时间计算。电能表和用电信息采集系统共线生产时，产能总量不超出单一产品产能的最大值。产能计算公式应符合附录 C。

供应商与结构件（外壳、端子座、螺丝、底座、表盖等）、光电耦合器、时钟芯片、变压器、电解电容、电流互感器原材料供货商（国产器件为原厂商，进口器件为原厂商或一级代理商）建立长期战略合作伙伴关系，每缺少一种产能扣减 10%。

本文件中所有核实内容都将对供应商参与招投标活动有重要影响，其中标记"※"的内容是以往招标必备项的要求，也是重点核实内容，其他未标记"※"的为一般核实内容。

附 录 A
试 验 项 目

集中器、采集器试验项目应符合表 A.1。

表 A.1 集中器、采集器试验项目

序号	试验项目	试验依据	试验样品数量
1	外观结构	Q/GDW 10373 Q/GDW 10374.2 Q/GDW 10374.3 Q/GDW 10375.2 Q/GDW 10375.3 Q/GDW 10376.2 Q/GDW 10376.3 Q/GDW 10379.1 Q/GDW 10379.3 Q/GDW 10379.4	3 只
2	功率消耗试验		
3	功能试验（检测数据通信和参数配置功能）		
4	机械振动试验		

专变采集终端试验项目应符合表 A.2。

表 A.2 专变采集终端试验项目

序号	试验项目	试验依据	试验样品数量
1	外观结构	Q/GDW 10373 Q/GDW 10374.1 Q/GDW 10375.1 Q/GDW 10376.3 Q/GDW 10379.1 Q/GDW 10379.2 Q/GDW 10379.4	3 只
2	功率消耗试验		
3	功能试验（检测数据通信、参数配置和控制功能）		
4	机械振动试验		

能源控制器试验项目应符合表 A.3。

表 A.3 能源控制器试验项目

序号	试验项目	试验依据	试验样品数量
1	外观结构	Q/GDW 10373 Q/GDW 10374.1 Q/GDW 10374.3 Q/GDW 10376.3 Q/GDW 10379.1 Q/GDW 10379.2 Q/GDW 10379.4	3 只
2	初始固有误差试验		
3	功率消耗试验		
4	功能试验（检测数据通信、参数配置和控制功能）		
5	机械振动试验		

附 录 B
售 后 履 约 服 务 证 明

售后履约服务证明（格式）

兹证明____公司在国网____公司设立了售后履约服务团队，该服务团队技术人员能够在接到买方通知后 12h 内给予答复并在 48h 内到达现场，并在 5 个工作日内提交解决方案。该团队常设办公地点位于____，常设服务人员____人，其中专业技术人员____人。

特此证明。

出具单位公章

年 月 日

附 录 C
产 能 计 算 公 式

C.1 采集器

$$老化能力 = NRT/t$$

式中：

N——老化室可容纳带电老化车最大数量；

R——每台带电老化车挂表量；

T——每天按 24h 计算；

 t——老化时间按 24h 计算。

$$出厂检测能力 = FNT/t$$

式中：

F——每台装置出厂检测数量；

N——出厂检测装置数量；

T——每天按 16h 计算；

 t——每轮次出厂检验时间参考值。

C.2 集中器

$$调校能力 = CNT/t$$

式中：

C——每台装置调校数量；

N——调校装置数量；

T——每天按 16h 计算；

 t——每轮次调校时间参考值。

$$老化能力 = NRT/t$$

式中：

N——老化室可容纳带电老化车最大数量；

R——每台带电老化车挂表量；

T——每天按 24h 计算；

 t——老化时间按 24h 计算。

$$出厂检测能力 = FNT/t$$

式中：

F——每台装置出厂检测数量；

N——出厂检测装置数量；

T——每天按 16h 计算；

t——每轮次出厂检测时间参考值（3h/轮次）。

注：如果调校和出厂检测使用同一台设备，t 的时间应按照调校＋出厂检测时间计算。

C.3 专变终端

$$调校能力 = CNT/t$$

式中：

C——每台装置调校数量；

N——调校装置数量；

T——每天按 16h 计算；

t——每轮次调校时间参考值。

$$老化能力 = NRT/t$$

式中：

N——老化室可容纳带电老化车最大数量；

R——每台带电老化车挂表量；

T——每天按 24h 计算；

t——老化时间按 24h 计算。

$$出厂检测能力 = FNT/t$$

式中：

F——每台装置出厂检测数量；

N——出厂检测装置数量；

T——每天按 16h 计算；

t——每轮次出厂检测时间参考值（3h/轮次）。

注：如果调校和出厂检测使用同一台设备，t 的时间按照调校＋出厂检测时间计算。

C.4 能源控制器

$$调校能力 = CNT/t$$

式中：

C——每台装置调校数量；

N——调校装置数量；

T——每天按 16h 计算；

t——每轮次调校时间参考值。

$$老化能力 = NRT/t$$

式中：

N——老化室可容纳带电老化车最大数量；

R——每台带电老化车挂表量；

T——每天按 24h 计算；

t——老化时间按 24h 计算。

$$出厂检测能力 = FNT/t$$

式中：

F——每台装置出厂检测数量；

N——出厂检测装置数量；

T——每天按 16h 计算；

t——每轮次出厂检测时间参考值（3h/轮次）。

注：如果调校和出厂检测使用同一台设备，t 的时间应按照调校＋出厂检测时间计算。

电动汽车直流充电设备供应商
资质能力信息核实规范

目　次

电动汽车直流充电设备供应商资质能力信息核实规范

1　范围

本文件是国家电网有限公司对电动汽车直流充电设备供应商的资质条件以及制造能力进行信息核实的依据。

本文件适用于国家电网有限公司电动汽车直流充电设备供应商信息核实工作。

2　规范性引用文件

下列文件中的内容通过文中的规范性引用而构成本文件必不可少的条款。其中，注日期的引用文件，仅该日期对应的版本适用于本文件；不注日期的引用文件，其最新版本（包括所有的修改单）适用于本文件。

GB/T 18487.1　电动汽车传导充电系统　第 1 部分：通用要求

GB/T 18487.2　电动汽车传导充电系统　第 2 部分：非车载传导供电设备电磁兼容要求

GB/T 20234.1　电动汽车传导充电用连接装置　第 1 部分：通用要求

GB/T 20234.3　电动汽车传导充电用连接装置　第 3 部分：直流充电接口

GB/T 27930　电动汽车非车载传导式充电机与电池管理系统之间的通信协议

GB/T 34657.1　电动汽车传导充电互操作性测试规范　第 1 部分：供电设备

GB/T 34658　电动汽车非车载传导式充电机与电池管理系统之间的通信协议一致性测试

NB/T 33001　电动汽车非车载传导式充电机技术条件

NB/T 33008.1　电动汽车充电设备检验试验规范　第 1 部分：非车载充电机

Q/GDW 10233.1　电动汽车非车载充电机技术规范　第 1 部分：通用要求

Q/GDW 10233.2　电动汽车非车载充电机技术规范　第 2 部分：80kW 一体式一机一枪充电机

Q/GDW 10233.3　电动汽车非车载充电机技术规范　第 3 部分：80kW 一体式一机双枪充电机

Q/GDW 10233.4　电动汽车非车载充电机技术规范　第 4 部分：160kW 一体式一机一枪充电机

Q/GDW 10233.5　电动汽车非车载充电机技术规范　第 5 部分：160kW 一体式一机双枪充电机

Q/GDW 10233.6　电动汽车非车载充电机技术规范　第 6 部分：160kW 分体式双充

接口充电柜

Q/GDW 10233.7　电动汽车非车载充电机技术规范　第7部分：240kW分体式四充接口充电柜

Q/GDW 10233.8　电动汽车非车载充电机技术规范　第8部分：250A分体式一桩一枪直流充电桩

Q/GDW 10233.9　电动汽车非车载充电机技术规范　第9部分：250A分体式一桩双枪直流充电桩

Q/GDW 10233.10　电动汽车非车载充电机技术规范　第10部分：直流充电设备专用部件

Q/GDW 10233.11　电动汽车非车载充电机技术规范　第11部分：直流充电设备外观与标志标识

Q/GDW 10233.12　电动汽车非车载充电机技术规范　第12部分：充电控制模块与功率控制模块通信协议

Q/GDW 10233.13　电动汽车非车载充电机技术规范　第13部分：功率控制模块与充电模块通信协议

Q/GDW 10233.14　电动汽车非车载充电机技术规范　第14部分：功率控制模块与开关模块通信协议

Q/GDW 10233.15　电动汽车非车载充电机技术规范　第15部分：功率控制模块与环境信息采集模块通信协议

Q/GDW 10233.16　电动汽车非车载充电机技术规范　第16部分：计费控制单元与充电控制模块通信协议

Q/GDW 10233.17　电动汽车非车载充电机技术规范　第17部分：计费控制单元与读卡器通信协议

Q/GDW 11850　直流电能表外附分流器技术规范

Q/GDW 10825　直流电能表技术规范

注：上述文件中相同或相似条款之间存在不一致时，按要求较高的指标执行。

3　资质信息

3.1　企业信息

3.1.1　※基本信息

查阅营业执照。

供应商为中华人民共和国境内依法注册的法人或其他组织。

3.1.2　法定代表人/负责人信息

查阅法定代表人/负责人身份证（或护照）。

3.1.3　财务信息

查阅审计报告、财务报表，其中审计报告为具有资质的第三方机构出具。

3.2 报告证书

3.2.1 ※检验报告

3.2.1.1 ※直流充电设备型式试验

查阅检验报告、检测依据以及样品关键组部件、送样样品生产过程记录以及其他支撑资料：

a) 型式试验报告由具有国家认可的产品检验检测机构（具备 CMA 及 CNAS 资质）出具，且出具机构具备本小节第 h）条相应检验依据的检验资质。

b) 型式试验报告中的委托单位和制造单位与供应商一致。

c) 同一编号的型式试验报告检验依据（检测方法和判定依据）涵盖本节第 8）条中所列标准。

d) 型式试验报告中试验项目及检验依据应符合附录 A。

e) 同一编号的型式试验报告检验结果涵盖并满足附录 A 中的所有条款要求。

f) 供应商提供的型式试验报告中，输出电压范围覆盖 200V～1000V，额定功率为 80kW、160kW、240kW、480kW 中的任一功率等级。

g) 供应商提供的型式试验报告体现试验样品关键组部件的具体型号和制造商，并体现上述组部件及内部布局、布线、接线头（交流输入线、直流输出线、通信线、接地线）的照片。关键组部件包含充电模块、充电控制模块、功率控制模块、环境信息模块、充电连接装置、高压直流接触器、交流接触器、交流断路器、熔断器、辅助电源、屏幕、读卡器、直流电能表、分流器等，其中功率控制模块的制造单位应与供应商一致。

h) 检验依据包含但不限于下列标准：GB/T 18487.1、GB/T 18487.2、GB/T 20234.1、GB/T 20234.3、GB/T 27930、GB/T 34657.1、GB/T 34658、NB/T 33001、NB/T 33008.1

3.2.1.2 ※直流充电设备委托试验

查阅检验报告、检测依据以及样品关键组部件、送样样品生产过程记录以及其他支撑资料：

a) 委托试验报告由具有国家认可的产品检验检测机构出具，报告出具机构与型式试验报告一致，且为同一台试验样品。

b) 委托试验报告中的委托单位和制造单位与供应商一致。

c) 同一编号的委托试验报告检验依据（检测方法和判定依据）涵盖本小节第 g）条中所列标准。

d) 委托试验报告中试验项目及检验依据应符合附录 B。

e) 同一编号的委托试验报告检验结果涵盖附录 B 中的所有条款要求。

f) 供应商提供的型式试验报告体现试验样品关键组部件的具体型号和制造商，并体现上述组部件及内部布局、布线、接线头（交流输入线、直流输出线、通信线、接地线）的照片。关键组部件包含充电模块、充电控制模块、功率控制模块、环境信息模块、充电连接装置、高压直流接触器、交流接触器、交流断路器、熔断器、辅助电源、屏幕、读卡器、直流电能表、分流器等，其中功率控制模块的制造单位与供应商一致。

g) 委托试验报告的检测依据包含但不限于下列标准，根据充电机型号规格选择相应的标准：NB/T 33008.1、Q/GDW 10233.1、Q/GDW 10233.2、Q/GDW 10233.3、Q/GDW 10233.4、Q/GDW 10233.5、Q/GDW 10233.6、Q/GDW 10233.7、Q/GDW 10233.8、Q/GDW 10233.9、Q/GDW 10233.10、Q/GDW 10233.11、Q/GDW 10233.12、Q/GDW 10233.13、Q/GDW 10233.14、Q/GDW 10233.15、Q/GDW 10233.16、Q/GDW 10233.17

3.2.1.3 ※直流充电设备内置计量器具检测报告

3.2.1.3.1 直流电能表检测报告

查阅检验报告、检测依据、送样样品生产过程记录以及其他支撑资料：

a) 直流电能表检测报告由具备直流计量能力（具有国家市场监督管理总局颁发的直流量值的计量标准考核证书）的机构出具。

b) 直流电能表检测报告中试验项目及检验依据应符合附录 C，检验结果涵盖并满足附录 C 中的所有条款要求。

c) 供应商提供的直流电能表检测报告应体现试验样品外观、规格的照片。

d) 直流电能表检测报告中，试验样品厂商、规格应与本文件 3.2.1.1 和 3.2.1.2 中规定的报告中体现的直流电能表信息保持一致。

e) 直流电能表检测报告的检测依据包含 Q/GDW 10825。

3.2.1.3.2 直流电能表外附分流器检测报告

查阅检验报告、检测依据、送样样品生产过程记录以及其他支撑资料：

a) 直流电能表外附分流器检测报告由具备直流计量能力（具有国家市场监督管理总局颁发的直流量值的计量标准考核证书）的机构出具。

b) 直流电能表外附分流器检测报告中试验项目及检验依据应符合附录 D，检验结果涵盖并满足附录 D 中的所有条款要求。

c) 供应商提供的直流电能表外附分流器检测报告应体现试验样品外观、规格的照片以及试验样品的尺寸。

d) 直流电能表外附分流器检测报告中，试验样品厂商、规格应与本文件 3.2.1.1 和 3.2.1.2 中规定的报告中体现的分流器信息保持一致。

e) 直流电能表外附分流器检测报告的检测依据包含 Q/GDW 11850。

3.2.2 管理体系认证

查阅管理体系认证证书，具有质量管理体系证书，证书在有效期内，有定期年检记录且认证范围涵盖被核实产品。

3.3 产品业绩

查阅供货合同及相对应的销售发票。

a) 合同的供货方和实际产品的生产方均为供应商自身。

b) 产品业绩合同为国内业绩合同。

c) 产品业绩为整套产品销售业绩。

d) 直流充电设备业绩为功率 30kW（含）以上直流充电设备供货套数。

e) 业绩为供应商与最终用户的供货业绩，以合同及发票同时具备为准。

f) 不予统计的业绩有（不限于此）：

　　1) 与同类产品制造厂之间的业绩。

　　2) 作为元器件、组部件的业绩。

　　3) 供应商与经销商、代理商之间的业绩。

　　4) 出口业绩。

　　5) 证明材料无法确认供货业绩要求的所有要素。

4 设计研发能力

4.1 获得专利情况

查阅充电设备相关发明专利、实用新型专利。

4.2 参与标准制定情况

查阅充电设备相关国家标准、行业标准、企业标准制定。

4.3 商业信誉

查阅企业相关国家、行业或第三方发布的综合实力、品牌等排名。

5 生产制造能力

5.1 ※生产场地

查阅不动产权证书、土地使用权证、房屋产权证、房屋租赁合同、用电客户编号等相关信息，实际察看生产场地。

具有与产品相配套的场地（包括专用生产组装场地、原材料存放场地、试验、调试场地等），生产场地为自有或长期租赁。

5.2 ※生产工艺

查阅工艺控制文件、管理体系文件、工艺流程控制记录。

a) 查阅生产、检测工艺控制文件以及工艺流程控制记录等相关信息。

b) 查阅供应商整套系统组装和联调工艺控制文件以及流程控制记录等相关信息。

c) 现场有明显的标识牌，现场有生产设备的操作规程。

5.3 ※生产设备

查阅设备的现场实际情况及购买发票等相关信息。

a) 具有与产品生产相适应的整机装配设备，包括充电设备组装线、电动螺丝刀、线材加工设备、铜排加工设备、标签加工设备等。生产设备为自有，不能租用借用其他公司的设备，且能正常使用。

b) 自主研制的设备具有设计图纸、委外加工协议等支撑材料。

5.4 ※人员构成

查阅人力资源部门管理文件（如劳动合同、人员花名册、社保、培训记录、职称证书等），核实管理人员、设计研发人员、生产制造人员、试验检验人员、售后服务人员等。

a) 员工与供应商签订劳动合同，具有社保证明，不得借用其他公司的人员。

b) 中、高级职称人员具有中、高级职称证书。

c) 供应商组织员工定期培训，并且对培训记录进行存档管理。

6 试验检测能力

6.1 试验检测管理

查阅相关的规章制度文件、过程记录以及出厂试验报告等相关信息。

供应商具有试验场所管理制度、操作规程、试验标准以及完整的试验数据记录。

6.2 ※试验检测设备

查阅设备的现场实际情况及购买发票等相关信息。

a) 主要的试验设备包括：

性能参数试验类：示波器（带宽 200MHz 及以上）、数字多用表、功率分析仪（测量通道为 4 路及以上，电压测量精度为 0.2%及更高等级，电流测量精度为 0.5%及更高等级）；

安规试验类：绝缘电阻测试仪（1000V 及以上）、耐压仪（5000V 及以上）；

通信控制试验类：直流充电控制导引测试装置，具备 BMS 模拟、CAN 记录分析、车辆控制导引电路模拟以及电池电压模拟等功能；

充电试验类：交流电源（如调压器或具备调压功能的设备，容量不小于 150kVA，调压范围为±20%）、直流负载（电压等级不低于 1000V，总功率不小于 80kW）。

b) 试验中使用的计量器具及检测设备具备有效期内合格的检定/校准证书或检测报告。

7 原材料/组部件管理

7.1 管理规章制度及执行情况

查阅原材料/组部件（元器件）管理规章制度，并且按照原材料/组部件管理制度严格执行。

a) 具有进厂检验制度及其他原材料/组部件管理制度。

b) 具有主要原材料/组部件供应商筛选制度。

c) 按工艺文件所规定的技术要求和相应管理文件，根据生产计划采购。主要原材料/组部件供应商变更有相应的报告并在相关工艺文件中说明。

d) 按规定进行进厂检验，验收合格后入库。

e) 分类独立存放，物资仓库有足够的存储空间和适宜的环境，实行定置管理，标识清晰、正确、规范、合理。

f) 原材料/组部件使用现场记录内容规范、详实，具有可追溯性。

7.2 ※主要组部件情况

查阅产品主要组部件合作商的采购合同或协议等相关信息。

直流充电机主要组部件包含充电模块、充电控制模块、功率控制模块、环境信息模块、充电连接装置、高压直流接触器、交流接触器、交流断路器、熔断器、辅助电源、屏幕、读卡器、直流电能表、分流器等。其中功率控制模块的制造单位与供应商一致（提供设计图纸、软件开发文档和技术规范书）。

a) 采购的主要组部件具有采购合同或协议。

b) 自主研制或生产的组部件具有设计图纸、生产记录等资料。

8 数智制造

应用互联网和物联网技术，打造"透明工厂"，生产制造、试验检验、原材料/组部件管理等信息对买方公开，接入国家电网电工装备智慧物联平台。

加强数字基础设施建设，推动数字技术与先进制造技术融合发展。供应商相关业务数据、原材料/组部件检验数据、生产过程检验数据、出厂试验数据、成品信息数据和视频数据等支持自动采集或系统推送。数据接口需保障数据完整性、正确性、安全性，具有可扩展性、通信实时性等。

9 绿色发展

查看供应商资源能源消耗情况、战略体系、绿色认证及其他支撑材料，包括：

a) 相关油、水、气、煤及电力、热力等能源消耗，建立能源利用统计报表制度，分析生产经营环节能源利用情况。

b) 相关绿色工厂认证、绿色产品标识、绿色供应链管理等相关资质文件。

c) 将绿色发展理念融入战略体系中，并形成明确的绿色发展目标，制定详实且具有操作性的实施路径。

d) 建立、实施并保持支撑企业绿色低碳发展的绿色管理体系情况，包括但不限于能源管理体系、碳排放管理体系、能源计量管理体系等。

e) 使用无害原材料，禁止使用国家明令禁止的淘汰设备、工艺技术等，并应用国家鼓励的节能设备与先进工艺技术情况。

f) 建立完善的绿色采购管理制度，推广绿色包装材料应用，并建立系统的循环利用体系，实施绿色制造情况。

g) 生产环节的大气污染物排放、水体污染物排放、固体废弃物排放、噪声排放等基础排放符合相关国家标准及地方标准要求情况。

10 ※售后服务

查阅供应商对业主的培训地点、培训课程和教材、教具、培训教员等基本情况及充电设备的运维保养手册，应符合以下要求：

a) 具有培训地点、培训课程和教材、教具等。

    b)   具有基础故障诊断与排除手册、问题管理库。

    c)   具有备品备件库。

    本文件中所有核实内容都将对供应商参与招投标活动有重要影响，其中标记"※"的内容是以往招标必备项的要求，也是重点核实内容，其他未标记"※"的为一般核实内容。

附 录 A
型 式 试 验 项 目

型式试验项目应符合表 A.1。

表 A.1 型 式 试 验 项 目

序号	试验项目		检验依据对应条款
1	一般检查	外观检查	NB/T 33008.1
		标志检查	
		基本构成检查	
		机械开关设备检查	
		防雷措施检查	
		防盗措施检查（选检项目）	
2	功能试验	充电控制功能试验	NB/T 33008.1
		通信功能试验（选检项目）	
		绝缘检测功能试验	
		直流输出回路短路检测功能试验	
		车辆插头锁止功能试验	
		预充电功能试验	
		显示功能试验	
		输入功能试验（选检项目）	
		计量功能试验	
		急停功能试验	
3	安全要求试验	输入过压保护试验	NB/T 33008.1
		输入欠压保护试验	
		输出过压保护试验	
		输出短路保护试验	
		过温保护试验	
		开门保护试验	
		启动急停装置试验	
		输入电流过冲试验	
		蓄电池反接试验	
		防逆流功能试验	
		接触器粘连试验	

表 A.1（续）

序号	试验项目		检验依据对应条款
4	充电模式和连接方式检查		NB/T 33008.1
5	充电连接装置及电缆检查		NB/T 33008.1
6	电气隔离检查		NB/T 33008.1
7	电击防护试验	直接接触防护试验	NB/T 33008.1
		动力电源输入失电试验	
8	电气间隙和爬电距离试验		NB/T 33008.1
9	绝缘性能试验	绝缘电阻试验	NB/T 33008.1
		介电强度试验	
		冲击耐压试验	
10	接地试验		NB/T 33008.1
11	充电输出试验	最大恒功率输出试验	NB/T 33008.1
		功率控制试验	
		低压辅助电源试验	
		稳流精度试验	
		稳压精度试验	
		电压纹波因数试验	
		电流纹波试验	
		输出电流设定误差试验	
		输出电压设定误差试验	
		限压特性试验	
		限流特性试验	
		输出电流响应时间试验	
		输出电流停止速率试验	
		启动输出过冲试验	
		输出电流测量误差试验	
		输出电压测量误差试验	
		测量值更新时间试验	
		效率试验	
		功率因数试验	
12	待机功耗试验		NB/T 33008.1
13	协议一致性试验		NB/T 33008.1

表 **A.1**（续）

序号	试验项目		检验依据对应条款
14	控制导引试验	充电控制状态试验	NB/T 33008.1
		充电连接控制时序试验	
		控制导引电压限值试验	
		通信中断试验	
		保护接地连续性试验	
		连接检测信号断开试验	
		输出冲击电流试验	
		蓄电池电压与通信报文不符试验	
		蓄电池电压超出充电机范围试验	
		蓄电池二重保护功能试验	
		车辆最高允许充电总电压不匹配试验	
		充电需求大于蓄电池参数试验	
15	噪声试验		NB/T 33008.1
16	内部温升试验		NB/T 33008.1
17	允许温度试验		NB/T 33008.1
18	机械强度		NB/T 33008.1
19	防护等级	防止固体异物进入试验	NB/T 33008.1
		防止水进入试验	
20	防盐雾试验		NB/T 33008.1
21	防锈（防氧化）试验		NB/T 33008.1
22	低温试验		NB/T 33008.1
23	高温试验		NB/T 33008.1
24	交变湿热试验		NB/T 33008.1
25	电磁兼容试验	抗扰度试验	NB/T 33008.1
		发射试验	
26	充电连接装置检验		GB/T 20234.1

附 录 B
委 托 试 验 项 目

委托试验项目应符合表 B.1。

表 B.1 直流充电设备委托试验项目

序号	试验项目		检验依据对应条款
1	计量一致性检验		Q/GDW 10233（所有部分）中的规定
2	付费交易功能检验		Q/GDW 10233（所有部分）中的规定
3	语音提示功能检验		Q/GDW 10233（所有部分）中的规定
4	蓄电池过充保护检验		Q/GDW 10233（所有部分）中的规定
5	直流接触器动作时序检验		Q/GDW 10233（所有部分）中的规定
6	直流接触器工作状态检验		Q/GDW 10233（所有部分）中的规定
7	熔断器故障告警功能检验		Q/GDW 10233（所有部分）中的规定
8	充电枪极柱温度监测功能检验		Q/GDW 10233（所有部分）中的规定
9	具备功率自动分配功能机型的功率自动分配检验		Q/GDW 10233（所有部分）中的规定
10	恒功率充电功能检验（电压范围至少涵盖 300V～500V 和 500V～1000V）		Q/GDW 10233（所有部分）中的规定
11	系统主要配置检验		Q/GDW 10233（所有部分）中的规定
12	一般性检查	充电设备外形尺寸检验	Q/GDW 10233（所有部分）中的规定
		铭牌位置检验	
		充电设备散热孔位置检验	
		充电枪座位置检验	
		急停按钮位置检验	
		枪线出线孔位置检验	
		天线安装位置、开孔尺寸检验	
		外置接地块尺寸、位置检验	
		人机交互区域组成、位置检验	
		标志标识内容、位置检验	
13	电气原理符合性检验		Q/GDW 10233（所有部分）中的规定
14	充电模块符合性检验	结构尺寸检验	Q/GDW 10233（所有部分）中的规定
		交流输入接口定义、位置检验	
		直流输出接口定义、通信端口定义、位置检验	
		安装位置检验	

表 **B**.1（续）

序号	试验项目		检验依据对应条款
15	充电控制模块符合性检验	结构尺寸检验	Q/GDW 10233（所有部分）中的规定
		端口定义、位置检验	
		安装位置检验	
16	功率控制模块符合性检验	结构尺寸检验	Q/GDW 10233（所有部分）中的规定
		端口定义、位置检验	
		安装位置检验	
17	开关模块符合性检验（按机型选择检验）	电路拓扑检验	Q/GDW 10233（所有部分）中的规定
		结构尺寸检验	
		端口定义、位置检验	
		人机接口构成、定义检验	
		安装位置检验	
18	人机交互组件符合性检验	结构尺寸检验	Q/GDW 10233（所有部分）中的规定
		端口定义检验	
		状态灯定义、颜色检验	
		丝印内容检验	
		安装位置检验	
19	电子锁控制板符合性检验	结构尺寸检验	Q/GDW 10233（所有部分）中的规定
		端口定义、位置检验	
		安装位置检验	
20	环境信息采集模块符合性检验	结构尺寸检验	Q/GDW 10233（所有部分）中的规定
		端口定义、位置检验	
		安装位置检验	
21	试验接口端子符合性检查	试验接口定义检验	Q/GDW 10233（所有部分）中的规定
		试验接口安装位置检验	
22	电气部件参数、数量、位置符合性检验		Q/GDW 10233（所有部分）中的规定
23	设备底座外形尺寸及开孔尺寸检验		Q/GDW 10233（所有部分）中的规定
24	充电机通信协议检验	A 型充电控制模块内部通信协议检验	Q/GDW 10233（所有部分）中的规定
		充电控制模块与功率控制模块通信协议检验	
		功率控制模块与充电模块通信协议检验	

表 B.1（续）

序号	试验项目		检验依据对应条款
24	充电机通信协议检验	功率控制模块与开关模块通信协议检验（按机型选择检验）	Q/GDW 10233（所有部分）中的规定
		功率控制模块与环境信息采集模块通信协议检验	
		充电控制模块与读卡器通信协议检验	
25	机械开关设备检查		NB/T 33008.1
26	绝缘检测功能试验		NB/T 33008.1
27	直流输出回路短路检测功能试验		NB/T 33008.1
28	计量功能试验		NB/T 33008.1
29	输出过压保护试验		NB/T 33008.1
30	输出短路保护试验		NB/T 33008.1
31	启动急停装置试验		NB/T 33008.1
32	防逆流功能试验		NB/T 33008.1
33	动力电源输入失电试验		NB/T 33008.1
34	电气间隙和爬电距离试验		NB/T 33008.1
35	绝缘电阻试验		NB/T 33008.1
36	介电强度试验		NB/T 33008.1
37	冲击耐压试验		NB/T 33008.1
38	最大恒功率输出试验		NB/T 33008.1
39	功率控制试验		NB/T 33008.1
40	稳流精度试验		NB/T 33008.1
41	稳压精度试验		NB/T 33008.1
42	电压纹波因数试验		NB/T 33008.1
43	电流纹波试验		NB/T 33008.1
44	输出电流设定误差试验		NB/T 33008.1
45	输出电压设定误差试验		NB/T 33008.1
46	限压特性试验		NB/T 33008.1
47	限流特性试验		NB/T 33008.1
48	输出电流响应时间试验		NB/T 33008.1
49	输出电流停止速率试验		NB/T 33008.1
50	启动输出过冲试验		NB/T 33008.1
51	输出电流测量误差试验		NB/T 33008.1

表 B.1（续）

序号	试验项目		检验依据对应条款
52	输出电压测量误差试验		NB/T 33008.1
53	测量值更新时间试验		NB/T 33008.1
54	效率试验		NB/T 33008.1
55	功率因数试验		NB/T 33008.1
56	待机功耗试验		NB/T 33008.1
57	充电控制状态试验		NB/T 33008.1
58	充电连接控制时序试验		NB/T 33008.1
59	保护接地连续性试验		NB/T 33008.1
60	连接检测信号断开试验		NB/T 33008.1
61	充电用连接装置	结构要求	GB/T 20234.1
		绝缘电阻和介电强度	
		爬电距离、电气间隙和穿透密封胶距离	
62	水浸保护		Q/GDW 10233（所有部分）中的规定
63	负载突降防止输出电压过冲		Q/GDW 10233（所有部分）中的规定
64	电子锁掉电解锁和重复解锁		Q/GDW 10233（所有部分）中的规定
65	充电机温度检测及告警功能检查		Q/GDW 10233（所有部分）中的规定
66	充电机湿度检测及告警功能检查		Q/GDW 10233（所有部分）中的规定
67	充电机烟雾检测及告警功能检查		Q/GDW 10233（所有部分）中的规定
68	充电机远程复位功能检查		Q/GDW 10233（所有部分）中的规定
69	充电机数据统计功能检查		Q/GDW 10233（所有部分）中的规定

附　录　C
直流电能表检测项目

直流电能表检测项目应符合表 C.1。

表 C.1　直流电能表检测项目

序号	试验项目	检验依据对应条款
1	直观检查	
2	交流电压试验	
3	绝缘电阻试验	
4	额定电压下基本误差	
5	标定电流下基本误差	
6	直流纹波影响	
7	起动试验	
8	潜动试验	
9	电能表常数试验	
10	日计时误差	
11	环境温度对日计时误差的影响	
12	环境温度对计量误差影响	
13	功率消耗	Q/GDW 10825
14	供电电源电压变化试验	
15	供电电源的电压暂降和短时中断	
16	电压反极性连接	
17	电快速瞬变脉冲群抗扰度试验	
18	射频电磁场辐射抗扰度试验	
19	射频场感应的传导骚扰抗扰度试验	
20	静电放电抗扰度试验	
21	浪涌抗扰度试验	
22	外部恒定磁感应试验	
23	外部工频磁场影响试验	
24	高温试验	
25	低温试验	

表 C.1（续）

序号	试验项目	检验依据对应条款
26	交变湿热试验	
27	安全认证	
28	冲击试验	
29	振动试验	
30	弹簧锤试验	
31	耐热和阻燃试验	Q/GDW 10825
32	防尘试验	
33	防水试验	
34	功能检查	
35	通信协议一致性	
36	充电电能改变试验	

附 录 D
直流电能表外附分流器检测项目

直流电能表外附分流器检测项目应符合表 D.1。

表 D.1 直流电能表外附分流器检测项目

序号	试验项目	检验依据对应条款
1	外观检查	
2	基本误差试验	
3	误差一致性试验	
4	误差稳定性试验	
5	测量重复性试验	
6	跌落试验	Q/GDW 11850
7	热平衡时间试验	
8	过载试验	
9	交变湿热试验	
10	低温小电流试验	
11	高温大电流试验	

变电站（含智能变电站）用保护类产品供应商资质能力信息核实规范

目　　次

变电站（含智能变电站）用保护类产品
供应商资质能力信息核实规范

1 范围

本文件规定了国家电网有限公司对变电站（含智能变电站）保护类产品供应商的资质条件以及制造能力信息进行核实的依据。

本文件适用于国家电网有限公司变电站（含智能变电站）保护类产品供应商的信息核实工作。包括：

    a）传统变电站保护类产品（常规采样、常规跳闸）：

        1）110（66）kV～750kV 线路保护；

        2）220kV～750kV 断路器保护；

        3）220kV～750kV 短引线保护；

        4）35kV～750kV 变压器保护；

        5）220kV～750kV 电抗器保护；

        6）110（66）kV～750kV 母线保护；

        7）110（66）kV～750kV 母联（分段）保护；

        8）备用电源自动投入装置。

    b）智能变电站保护类产品（常规采样、GOOSE 跳闸；SV 采样、GOOSE 跳闸）：

        1）智能变电站 110（66）kV～750kV 线路保护；

        2）智能变电站 220kV～750kV 断路器保护；

        3）智能变电站 220kV～750kV 短引线保护；

        4）智能变电站 35kV～750kV 变压器保护；

        5）智能变电站 220kV～750kV 电抗器保护；

        6）智能变电站 110（66）kV～750kV 母线保护；

        7）智能变电站 110（66）kV～750kV 母联（分段）保护；

        8）智能变电站备用电源自动投入装置。

    c）水电站继电保护装置。

2 规范性引用文件

下列文件中的内容通过文中的规范性引用而构成本文件必不可少的条款。其中，注日期的引用文件，仅该日期对应的版本适用于本文件；不注日期的引用文件，其最新版本（包括所有的修改单）适用于本文件。

GB/T 26864　电力系统继电保护产品动模试验

DL/T 478　继电保护和安全自动装置通用技术条件

DL/T 860　变电站通信网络和系统

Q/GDW 1808　智能变电站继电保护通用技术条件

3　资质信息

3.1　企业信息

3.1.1　※基本信息

查阅营业执照。

供应商为中华人民共和国境内依法注册的法人或其他组织。

3.1.2　法定代表人/负责人信息

查阅法定代表人/负责人身份证（或护照）。

3.1.3　财务信息

查阅审计报告、财务报表，其中审计报告为具有资质的第三方机构出具。

3.1.4　资信等级证明

查阅银行或专业评估机构出具的证明。

3.1.5　注册资本和股本结构

查阅验资报告。

3.2　※报告证书

3.2.1　检测报告

查阅检测报告、送样样品生产过程记录以及其他支撑资料。

a)　检测报告出具机构为国家授权的专业检测机构或者国际专业权威机构。境内检验机构具有计量认证证书（CMA）及中国合格评定国家认可委员会颁发的实验室认可证书（CNAS），且证书附表检测范围涵盖所核实产品。

b)　型式（检验）试验报告、动模试验报告宜分开出具，且报告在有效期内。智能变电站保护类产品具备有效期内的一致性测试报告。

c)　多种行业标准并存时，优先执行电力行业标准和国家电网有限公司企业标准。

d)　检测报告的委托方和产品制造方是供应商自身。

e)　产品的型式（检验）试验报告、动模试验报告、一致性测试报告符合相应的国家标准、电力行业标准、国家电网有限公司企业标准和物资采购标准规定的试验项目和试验数值的要求，试验报告项目包含附录 A 中规定的内容。

f)　当产品在设计、关键材料、关键元器件、装置软件或制造工艺改变或者产品转厂生产或异地生产时，重新进行相应的型式（检验）试验。

g)　110kV 及以上线路保护、变压器保护、母线保护及电抗器保护提供动模试验报告。

h)　国家标准、行业标准规定的检测报告有效期有差异的，以有效期短的为准；国家标准、行业标准均未明确检测报告有效期的，检测报告有效期按长期有效认定。

3.2.2 专业检测

国家电网有限公司已组织的专业检测的产品提供专业检测合格公告。

3.2.3 ※管理体系认证

查阅管理体系认证证书，具有质量管理体系证书，证书在有效期内，有定期年检记录且认证范围涵盖被核实产品。

3.3 产品业绩

查阅供货合同及相对应的合同销售发票。

a) 合同的供货方和实际产品的生产方均为供应商自身。

b) 不予统计的业绩有（不限于此）：

    1) 与同类产品制造厂之间的业绩（2015 年以后国网整站招标的除外）。

    2) 作为元器件、组部件的业绩。

    3) 出口业绩。

    4) 用户工程的业绩。

    5) 产品用于试验室或试验站的业绩。

注：设备接入电压等级低于 110（66）kV 的工程或无法明确运行维护管理规定的工程视为用户工程。

4 设计研发能力

4.1 技术来源与支持

有技术合作支持方的查阅技术协作协议，以及设计文件图纸等相关信息。

4.2 设计研发内容

查阅产品、材料的设计、试验、关键工艺技术、质量控制方面的研发情况。

4.3 设计研发人员

查阅设计研发部门的机构设置及人员信息。

4.4 设计研发工具

查验供应商实际研发设计工具。

4.5 获得专利情况

查阅与产品相关已获授权专利证书。

4.6 参与标准制（修）订情况

查阅参与制（修）订并已颁布的标准等证明材料信息。

4.7 产品获奖情况

查阅与产品相关的省部级及以上获奖证书等相关信息。

4.8 软件管理能力

查阅供应商提供的规章制度文件、过程记录以及相关证书核实。

4.9 该企业参与的重大项目

查阅有关证明供应商参与重大项目的资料信息。

4.10 商业信誉

查阅企业相关国家、行业或第三方发布的综合实力、品牌等排名。

5 生产制造能力

5.1 ※生产厂房

查阅不动产权证书、土地使用权证、房屋产权证、厂房设计图纸、房屋租赁合同、用电客户编号等相关信息。

具有与产品相配套的厂房，厂房为自有或长期租赁，厂房面积、洁净程度符合生产产品的要求。

5.2 ※生产工艺

5.2.1 工艺控制文件

查阅工艺控制文件、管理文件等相关信息。

各工序的作业指导书、工艺控制文件齐全、统一、规范。其工艺文件中所规定的关键技术要求和技术参数不低于国家标准、电力行业标准、国家电网有限公司企业标准和物资采购标准。各工艺环节中无国家明令禁止的行为。

完整的工艺文件包括产品质量重要度分级、外购外协件清单及检测标准、生产工序流程、过程控制工艺卡、产品质量检验标准、生产操作手册、安装使用说明书等。

5.2.2 关键生产工艺控制

查阅工艺流程控制记录等相关资料。

产品工艺技术成熟、稳定。从原材料/组部件到产品入库所规定的每道工序的工艺技术能保证产品生产的需要。生产产品的各个工序按工艺文件执行，现场记录内容规范、详实，具有可追溯性。现场定置管理，有明显的标识，主要的生产设备的操作规程图表上墙。

5.3 ※生产设备

查阅设备的现场实际情况及购买发票等相关信息。

a) 具有与产品生产相适应的设备，主要生产设备不能租用或借用。主要生产设备包含高温老化设备、关键元器件的筛选设备、单插件自动测试设备、整机检验/检测设备等。

b) 生产设备使用正常，计量仪器、仪表具有相应资质单位出具的有效检定证书（报告），并在检定合格期内。建立设备管理档案（包括使用说明、台账、保养维护记录等），其维修保养等记录规范详实，具有可追溯性。

5.4 生产、技术、质量管理人员

查阅人力资源部门管理文件（如劳动合同、人员花名册、社保证明等），包括生产、技术、质量管理等人员数量。结合现场实际情况，观察现场人员的操作水平。

a) 具有生产需要的专职生产人员及技术人员。一线生产人员培训上岗，操作熟练。

b) 具有质量管理组织机构、质量管理部门及人员。

6 试验检测能力

6.1 ※试验场所

查看试验场所现场情况。

具有与试验产品相配套的试验场所，具有主要的除尘及防静电措施，试验场所环境符合试验要求。

6.2 ※试验检测管理

查阅相关的规章制度文件、过程记录以及出厂试验报告等相关信息。

具有试验室管理制度、操作规程、试验标准，并在操作过程中严格按照规程执行。

6.3 ※试验检测设备

查阅设备的现场实际情况及购买发票等相关信息。

a) 设备齐全，符合国家标准、电力行业标准、国家电网有限公司企业标准和物资采购标准所规定的逐个试验和抽样试验检测要求，不能委托其他单位进行。各类保护类产品的主要试验设备如下：

绝缘耐压测试设备、单插件自动检测设备、整机检测装置、微机保护测试仪等。智能变电站继电保护装置具备数字化微机保护测试仪、网络分析仪、时钟系统等。

b) 试验设备使用正常，计量仪器、仪表具有省级及以上资质单位出具的有效检定证书（报告），并在检定合格期内。建立设备管理档案（包括使用说明、台账、保养维护记录等），其维修保养等记录规范、详实，具有可追溯性。

6.4 ※试验检测人员

查阅人力资源部门管理文件（如劳动合同、人员花名册等、人员资质证书）和培训记录。

试验人员能独立完成试验，操作熟练，能理解或掌握相关国家标准、电力行业标准、国家电网有限公司企业标准和物资采购标准的有关规定，并具有一定的试验结果分析能力。试验人员经培训上岗。

6.5 ※现场抽样

6.5.1 抽查出厂试验报告

现场抽查至少两份出厂试验报告，报告规范完整、项目齐全。

6.5.2 抽样检测

原则上现场应对与被核实产品相同或相近型式的产品进行抽样检验。样品应在供应商声明的合格产品中抽取，抽样检验项目一般在出厂试验项目中选取。抽样检验重点核实供应商试验方法、试验场地环境、人员操作能力、仪器设备有效性和产品性能等方面。

现场抽取申请核实且具有出厂合格证的产品两台，抽检两项出厂例行试验，试验项目应符合附录 A，检测结果符合对应产品出厂试验。

7 原材料/组部件管理

7.1 ※管理规章制度

查阅原材料/组部件管理规章制度。

a) 具有进厂检验制度和原材料/组部件管理制度。

b) 具有主要原材料/组部件供应商筛选制度，外购原材料/组部件生产厂家通过质量管理体系认证。

7.2 ※管理控制情况

查看原材料/组部件管理实际执行情况。

a) 不能采用国家明令禁止的原材料/组部件。

b) 按工艺文件所规定的技术要求和相应管理文件，根据生产计划采购。主要原材料/组部件供应商变更有相应的报告并在相关工艺文件中说明。

c) 按规定进行进厂检验，验收合格后入库。

d) 分类独立存放，物资仓库有足够的存储空间和适宜的环境，实行定置管理，标识清晰、正确、规范、合理。

e) 原材料/组部件管理制度严格执行，且原材料/组部件使用现场记录内容规范、详实，具有可追溯性。

8 数智制造

应用互联网和物联网技术，打造"透明工厂"，生产制造、试验检验、原材料/组部件管理等信息对买方公开，接入国家电网电工装备智慧物联平台。

加强数字基础设施建设，推动数字技术与先进制造技术融合发展。供应商相关业务数据、原材料/组部件检验数据、生产过程检验数据、出厂试验数据、成品信息数据和视频数据等支持自动采集或系统推送。数据接口需保障数据完整性、正确性、安全性，具有可扩展性、通信实时性等。

具有原材料/组部件数据及检验数据接入条件，从原材料采购直至原材料检验入库过程中关键数据主要包括继电器、电源模块、互感器3种器件的相关数据。

具有工艺控制数据及检测数据接入条件，生产工艺流程中关键工艺主要包括环境温湿度、回流焊、波峰焊、板卡检测、装置组装、绝缘耐压、连续通电试验、装置检测数据8项。

具有出厂试验数据接入条件。

具有视频接入条件，设备视频数据采集应包括回流焊、波峰焊、装置检测、出厂检测4项。

9 绿色发展

查看供应商资源能源消耗情况、战略体系、绿色认证及其他支撑材料，包括：

a) 相关油、水、气、煤及电力、热力等能源消耗，建立能源利用统计报表制度，分析生产经营环节能源利用情况。

b) 相关绿色工厂认证、绿色产品标识、绿色供应链管理等相关资质文件。

c) 将绿色发展理念融入战略体系中，并形成明确的绿色发展目标，制定详实且具有操作性的实施路径。

d) 建立、实施并保持支撑企业绿色低碳发展的绿色管理体系情况，包括但不限于能源管理体系、碳排放管理体系、能源计量管理体系等。

e) 使用无害原材料，禁止使用国家明令禁止的淘汰设备、工艺技术等，并应用国家鼓励的节能设备与先进工艺技术情况。

f) 建立完善的绿色采购管理制度，推广绿色包装材料应用，并建立系统的循环利用体系，实施绿色制造情况。

g) 生产环节的大气污染物排放、水体污染物排放、固体废弃物排放、噪声排放等基础排放符合相关国家标准及地方标准要求情况。

10 售后服务及产能

10.1 售后服务

查阅管理文件、组织机构设置、人员档案以及售后服务记录等相关信息。

a) 具备电力工程经验的人员，能够保证设备在工程现场进行技术支持。

b) 具备提供 24 小时电话服务能力，并具有相应的技术服务团队和备品备件。当运行中的设备出现危及系统安全的故障时，具备在规定时间内到达故障现场处理的能力。

10.2 产能

产能情况通过现场实际情况及供应商提供的产能计算报告，根据产品生产的瓶颈进行判断。

本文件中所有核实内容都将对供应商参与招投标活动有重要影响，其中标记"※"的内容是以往招标必备项的要求，也是重点核实内容，其他未标记"※"的为一般核实内容。

附　录　A
型式（检验）试验报告项目

A.1　型式试验

A.1.1　电气性能、环境检验主要项目

电气性能、环境检验主要项目包括：

a)　外观检查；

b)　测量元件准确度；

c)　功能试验；

d)　直流电源影响试验；

e)　功率消耗试验；

f)　温度影响试验；

g)　温度储存试验；

h)　绝缘性能试验；

i)　过载能力试验；

j)　湿热性能试验；

k)　机械性能试验；

2017 年 3 月 31 日以后出具的型式试验报告包括以下项目：

l)　介质强度实验；

m)　冲击电压实验；

n)　出口继电器检查（可选）。

注：DL/T 478、Q/GDW 1808 中规定的各类保护产品的试验项目要求。

A.1.2　电磁兼容检验主要项目

电磁兼容检验主要项目包括：

a)　静电放电；

b)　快速瞬变抗扰度；

c)　1MHz、100kHz 脉冲群抗扰度；

d)　辐射电磁场抗扰度；

2017 年 3 月 31 日以后出具的型式试验报告包括以下项目：

e)　浪涌（冲击）抗扰度；

f)　工频抗扰度；

g)　射频场感应的传导骚扰抗扰度；

h)　辐射发射；

i)　传导发射；

j)　阻尼振荡磁场抗扰度；

k) 脉冲磁场抗扰度；

l) 工频磁场抗扰度；

m) 电压跌落。

注：DL/T 478、Q/GDW 1808 中规定的各类保护产品的试验项目要求。

A.2 动模试验

GB/T 26864 中规定的各类保护产品的试验项目要求。

A.3 一致性测试

一致性测试项目按 DL/T 860.10《电力自动化通信网络与系统 第 10 部分：一致性测试》中规定的试验项目要求。

A.4 现场抽样检测项目

现场抽样检测项目从以下项目中选定：

a) 外观检查；

b) 功能试验，包括部分保护元件动作逻辑、动作准确度、动作时间等；

c) 绝缘电阻测试；

d) 介质强度试验；

e) 安全标志检查；

f) 数字仿真试验［110（66）kV 线路保护及变压器、母线保护、220kV 及以上电压等级保护产品选做］。

变电站（含智能变电站）安全稳定自动控制装置产品供应商资质能力信息核实规范

目　次

变电站（含智能变电站）安全稳定自动控制
装置产品供应商资质能力信息核实规范

1 范围

本文件规定了国家电网有限公司对变电站（含智能变电站）安全稳定自动控制装置产品供应商的资质条件以及制造能力信息进行核实的依据。

本文件适用于国家电网有限公司变电站（含智能变电站）安全稳定自动控制装置产品供应商的信息核实工作。包括：

传统安全稳定自动控制装置（常规采样、常规跳闸）：

a) 减载装置。

b) 解列装置。

c) 稳定控制装置。

智能变电站安全稳定自动控制装置（常规采样、GOOSE 跳闸；SV 采样、GOOSE 跳闸）：

a) 智能变电站减载装置。

b) 智能变电站解列装置。

c) 智能变电站稳定控制装置。

2 规范性引用文件

下列文件中的内容通过文中的规范性引用而构成本文件必不可少的条款。其中，注日期的引用文件，仅该日期对应的版本适用于本文件；不注日期的引用文件，其最新版本（包括所有的修改单）适用于本文件。

GB/T 26864　电力系统继电保护产品动模试验

DL/T 478　继电保护和安全自动装置通用技术条件

DL/T 860　变电站通信网络和系统

Q/GDW 1808　智能变电站继电保护通用技术条件

3 资质信息

3.1 企业信息

3.1.1 ※基本信息

查阅营业执照。

供应商为中华人民共和国境内依法注册的法人或其他组织。

3.1.2 法定代表人/负责人信息

查阅法定代表人/负责人身份证（或护照）。

3.1.3 财务信息

查阅审计报告、财务报表，其中审计报告为具有资质的第三方机构出具。

3.1.4 资信等级证明

查阅银行或专业评估机构出具的证明。

3.1.5 注册资本和股本结构

查阅验资报告。

3.2 ※报告证书

3.2.1 检测报告

查阅检测报告、送样样品生产过程记录以及其他支撑资料。

a) 检测报告出具机构为国家授权的专业检测机构或者国际专业权威机构。境内检验机构具有计量认证证书（CMA）及中国合格评定国家认可委员会颁发的实验室认可证书（CNAS），且证书附表检测范围涵盖所核实产品。

b) 型式试验报告、一致性测试报告分开出具，试验、检验报告在有效期内。智能变电站安全稳定自动控制装置具备有效期内的一致性测试报告。

c) 多种行业标准并存时，优先执行电力行业标准和国家电网有限公司企业标准。

d) 检测报告的委托方和产品制造方是供应商自身。

e) 产品的型式（或检验）试验报告、一致性测试报告符合相应的国家标准、电力行业标准、国家电网有限公司企业标准和物资采购标准规定的试验项目和试验数值的要求，试验报告项目包含附录 A 中规定的内容。

f) 当产品在设计、关键材料、元器件、装置软件或制造工艺改变或者产品转厂生产或异地生产时，重新进行相应的型式（检验）试验。

g) 失步解列装置提供动模试验报告。

h) 国家标准、行业标准规定的检测报告有效期有差异的，以有效期短的为准；国家标准、行业标准均未明确检测报告有效期的，检测报告有效期按长期有效认定。

3.2.2 管理体系认证

查阅管理体系认证证书，具有质量管理体系证书，证书在有效期内，有定期年检记录且认证范围涵盖被核实产品。

3.3 产品业绩

查阅供货合同及相对应的合同销售发票。

a) 合同的供货方和实际产品的生产方均为供应商自身。

b) 不予统计的业绩有（不限于此）：

　　1) 与同类产品制造厂之间的业绩（2015 年以后国网整站招标的除外）。

　　2) 作为元器件、组部件的业绩。

　　3) 出口业绩。

    4） 用户工程的业绩。

    5） 产品用于试验室或试验站的业绩。

 注：设备接入电压等级低于 110（66）kV 的工程或无法明确运行维护管理规定的工程视为用户
  工程。

4 设计研发能力

4.1 技术来源与支持

  有技术合作支持方的查阅技术协作协议，以及设计文件图纸等相关信息。

4.2 设计研发内容

  查阅产品、材料的设计、试验、关键工艺技术、质量控制方面的研发情况。

4.3 设计研发人员

  查阅设计研发部门的机构设置及人员信息。

4.4 设计研发工具

  查验供应商实际研发设计工具。

4.5 获得专利情况

  查阅与产品相关的已获授权专利证书。

4.6 参与标准制（修）订情况

  查阅参与制（修）订并已颁布的标准等证明材料信息。

4.7 产品获奖情况

  查阅与产品相关的省部级及以上获奖证书等相关信息。

4.8 软件管理能力

  查阅供应商提供的规章制度文件、过程记录以及相关证书核实。

4.9 该企业参与的重大项目

  查阅有关证明供应商参与重大项目的资料信息。

4.10 商业信誉

  查阅企业相关国家、行业或第三方发布的综合实力、品牌等排名。

5 生产制造能力

5.1 ※生产厂房

  查阅不动产权证书、土地使用权证、房屋产权证、厂房设计图纸、房屋租赁合同、用电客户编号等相关信息。

  具有与产品相配套的厂房，厂房为自有或长期租赁，厂房面积、洁净程度符合生产产品的要求。

5.2 ※生产工艺

5.2.1 工艺控制文件

  查阅不动产权证书、工艺控制文件、管理文件等相关信息。

  各工序的作业指导书、工艺控制文件齐全、统一、规范。其工艺文件中所规定的关键技术要求和技术参数不低于国家标准、电力行业标准、国家电网有限公司企业标准和物资采购标准。各工艺环节中无国家明令禁止的行为。

完整的工艺文件包括产品质量重要度分级、外购外协件清单及检测标准、生产工序流程、过程控制工艺卡、产品质量检验标准、生产操作手册、安装使用说明书等。

5.2.2 关键生产工艺控制

查阅工艺流程控制记录等相关资料。

产品工艺技术成熟、稳定。从原材料/组部件到产品入库所规定的每道工序的工艺技术能保证产品生产的需要。生产产品的各个工序按工艺文件执行，现场记录内容规范、详实，具有可追溯性。现场定置管理，有明显的标识牌，主要的生产设备的操作规程图表上墙。

5.3 ※生产设备

查阅设备的现场实际情况及购买发票等相关信息。

    a） 具有与产品生产相适应的设备，不能租用或借用。主要生产设备包含高温老化设备、关键元器件的筛选设备、单插件自动测试设备、整机检验检测设备等。

    b） 生产设备使用正常，计量仪器、仪表具有相应资质单位出具的有效检定证书（报告），并在检定合格期内。建立设备管理档案（包括使用说明、台账、保养维护记录等），其维修保养等记录规范、详实，具有可追溯性。

5.4 生产、技术、质量管理人员

查阅人力资源部门管理文件（如劳动合同、人员花名册、社保证明等），包括生产、技术、质量管理等人员数量。结合现场实际情况，观察现场人员的操作水平。

    a） 具有生产需要的专职生产人员及技术人员。一线生产人员培训上岗，操作熟练。

    b） 具有质量管理组织机构、质量管理部门及人员。

6 试验检测能力

6.1 ※试验场所

查看试验场所现场情况。

具有与试验产品相配套的试验场所，具有必备的除尘及防静电措施，试验场所环境符合试验要求。

6.2 ※试验检测管理

查阅相关的规章制度文件、过程记录以及出厂试验报告等相关信息。

具有试验室管理制度、操作规程、试验标准，并在操作过程中严格按照规程执行。

6.3 ※试验检测设备

查阅设备的现场实际情况及购买发票等相关信息。

    a） 设备齐全，符合进行国家标准、电力行业标准、国家电网有限公司企业标准和物资采购标准所规定的逐个试验和抽样试验检测要求，不能委托其他单位进行。

          主要试验设备如下：

          绝缘耐压测试设备、单插件自动检测设备、整机检测装置、微机保护测试仪等。

智能变电站安全稳定自动控制装置具备数字化微机保护测试仪、网络分析仪、时钟系统等。

b） 试验设备使用正常，计量仪器、仪表具有省级及以上资质单位出具的有效检定证书（报告），并在检定合格期内。建立设备管理档案（包括使用说明、台账、保养维护记录等），其维修保养等记录规范、详实，具有可追溯性。

6.4 ※试验检测人员

查阅人力资源部门管理文件（如劳动合同、人员花名册等）、人员资质证书以及培训记录。

试验人员能独立完成试验，操作熟练，能理解或掌握相关国家标准、电力行业标准和国家电网有限公司企业标准和物资采购标准的有关规定，并具有一定的试验结果分析能力。试验人员培训上岗。

6.5 ※现场抽样

6.5.1 抽查出厂试验报告

现场抽查至少两份出厂试验报告，报告规范完整、项目齐全。

6.5.2 抽样检测

原则上现场应对与被核实产品相同或相近型式的产品进行抽样检验。样品应在供应商声明的合格产品中抽取，抽样检验项目一般在出厂试验项目中选取。抽样检验重点核实供应商试验方法、试验场地环境、人员操作能力、仪器设备有效性和产品性能等方面。

现场抽取申请核实产品且具有出厂合格证的产品两台，抽检两项出厂例行试验，试验项目应符合附录A，检测结果符合对应产品出厂试验。

7 原材料/组部件管理

7.1 ※管理规章制度

查阅原材料/组部件管理规章制度。

a） 具有进厂检验制度和原材料/组部件管理制度。

b） 具有主要原材料/组部件供应商筛选制度，外购原材料/组部件生产厂家通过质量管理体系认证。

7.2 ※管理控制情况

查看原材料/组部件管理实际执行情况。

a） 不能采用国家明令禁止的原材料/组部件。

b） 按工艺文件所规定的技术要求和相应管理文件，根据生产计划采购。主要原材料/组部件供应商变更有相应的报告并在相关工艺文件中说明。

c） 按规定进行进厂检验，验收合格后入库。

d） 分类独立存放，物资仓库有足够的存储空间和适宜的环境，实行定置管理，标识清晰、正确、规范、合理。

e） 原材料/组部件管理制度严格执行，且原材料/组部件使用现场记录内容规范、详实，具有可追溯性。

8 数智制造

应用互联网和物联网技术，打造"透明工厂"，生产制造、试验检验、原材料/组部件管理等信息对买方公开，接入国家电网电工装备智慧物联平台。

加强数字基础设施建设，推动数字技术与先进制造技术融合发展。供应商相关业务数据、原材料/组部件检验数据、生产过程检验数据、出厂试验数据、成品信息数据和视频数据等支持自动采集或系统推送。数据接口需保障数据完整性、正确性、安全性，具有可扩展性、通信实时性等。

具有原材料/组部件数据及检验数据接入条件，从原材料采购直至原材料检验入库过程中关键工艺主要包括继电器、电源模块、互感器数据 3 项。

具有工艺控制数据及检测数据接入条件，生产工艺流程中关键工艺主要包括环境温湿度、回流焊、波峰焊、板卡检测、装置组装、绝缘耐压、连续通电试验、装置检测数据 8 项。

具有出厂试验数据接入条件。

具有视频接入条件，设备视频数据采集应包括回流焊、波峰焊、装置检测、出厂检测 4 项。

9 绿色发展

查看供应商资源能源消耗情况、战略体系、绿色认证及其他支撑材料，包括：

a) 相关油、水、气、煤及电力、热力等能源消耗，建立能源利用统计报表制度，分析生产经营环节能源利用情况。

b) 相关绿色工厂认证、绿色产品标识、绿色供应链管理等相关资质文件。

c) 将绿色发展理念融入战略体系中，并形成明确的绿色发展目标，制定详实且具有操作性的实施路径。

d) 建立、实施并保持支撑企业绿色低碳发展的绿色管理体系情况，包括但不限于能源管理体系、碳排放管理体系、能源计量管理体系等。

e) 使用无害原材料，禁止使用国家明令禁止的淘汰设备、工艺技术等，并应用国家鼓励的节能设备与先进工艺技术情况。

f) 建立完善的绿色采购管理制度，推广绿色包装材料应用，并建立系统的循环利用体系，实施绿色制造情况。

g) 生产环节的大气污染物排放、水体污染物排放、固体废弃物排放、噪声排放等基础排放符合相关国家标准及地方标准要求情况。

10 售后服务及产能

10.1 售后服务

查阅管理文件、组织机构设置、人员档案以及售后服务记录等相关信息。

a) 具备电力工程经验的人员，能够保证设备在工程现场进行技术支持。

b) 具备提供 24 小时电话服务能力，并具有相应的技术服务团队和备品备件。当运行中的设备出现危及系统安全的故障时，具备在规定时间内到达故障现场处理的能力。

10.2 产能

产能情况通过现场实际情况及供应商提供的产能计算报告，根据产品生产的瓶颈进行判断。

本文件中所有核实内容都将对供应商参与招投标活动有重要影响，其中标记"※"的内容是以往招标必备项的要求，也是重点核实内容，其他未标记"※"的为一般核实内容。

附 录 A

试 验 项 目 及 依 据

A.1 型式试验项目

A.1.1 电气性能、环境检验主要项目

电气性能、环境检验主要项目有：

a) 外观检查；

b) 测量元件准确度；

c) 功能试验；

d) 直流电源影响试验；

e) 功率消耗试验；

f) 温度影响试验；

g) 温度贮存试验；

h) 绝缘性能试验；

i) 过载能力试验；

j) 湿热性能试验；

k) 机械性能试验；

2017 年 3 月 31 日以后出具的型式试验报告包括以下项目：

l) 介质强度实验；

m) 冲击电压实验；

n) 出口继电器检查（可选）。

注：DL/T 478、Q/GDW 1808 中规定的各类保护产品的试验项目要求。

A.1.2 电磁兼容检验主要项目

电磁兼容检验主要项目有：

a) 静电放电；

b) 快速瞬变抗扰度；

c) 1MHz、100kHz 脉冲群抗扰度；

d) 辐射电磁场抗扰度；

2017 年 3 月 31 日以后出具的型式试验报告包括以下项目：

e) 浪涌（冲击）抗扰度；

f) 工频抗扰度；

g) 射频场感应的传导骚扰抗扰度；

h) 辐射发射；

i) 传导发射；

j) 阻尼振荡磁场抗扰度；

k）　脉冲磁场抗扰度；

l）　工频磁场抗扰度；

m）　电压跌落。

注：DL/T 478、Q/GDW 1808 中规定的各类保护产品的试验项目要求。

A.2　动模试验项目

GB/T 26864 中规定的各类保护产品的试验项目要求。

A.3　一致性测试项目

一致性测试项目按 DL/T 860.10《电力自动化通信网络与系统　第 10 部分：一致性测试》中规定的试验项目要求。

A.4　现场抽样检测主要项目

现场抽样检测项目从以下项目中选定：

a）　外观检查；

b）　功能试验，包括部分功能动作逻辑、动作准确度、动作时间等；

c）　绝缘电阻测试；

d）　介质强度试验；

e）　安全标志检查。

变电站（含智能变电站）自动化系统及设备供应商资质能力信息核实规范

目　次

变电站（含智能变电站）自动化系统及设备供应商资质能力信息核实规范

1 范围

本文件规定了国家电网有限公司对变电站（含智能变电站）自动化系统及设备产品供应商的资质条件以及制造能力信息进行核实的依据。

本文件适用于国家电网有限公司变电站（含智能变电站）自动化系统及设备产品供应商的信息核实工作。包括：

a) 传统变电站自动化系统及设备（常规采样、常规分合闸）：

    1) 35kV～110kV 变电站监控系统（保护测控装置集成）；

    2) 220kV～750kV 变电站监控系统。

b) 智能变电站自动化系统及设备（常规采样、GOOSE 分合闸；SV 采样、GOOSE 分合闸）：

    1) 35kV～110kV 智能变电站监控系统（保护测控装置集成）；

    2) 220kV～750kV 智能变电站监控系统。

c) 传统变电站防误闭锁系统。

d) 智能变电站智能防误系统。

2 规范性引用文件

下列文件中的内容通过文中的规范性引用而构成本文件必不可少的条款。其中，注日期的引用文件，仅该日期对应的版本适用于本文件；不注日期的引用文件，其最新版本（包括所有的修改单）适用于本文件。

GB/T 7261 继电保护和安全自动装置基本试验方法

GB/T 13729 远动终端设备

GB/T 13730—2002 地区电网调度自动化系统

GB/T 14285 继电保护和安全自动装置技术规程

GB/T 15145 输电线路保护装置通用技术条件

GB/T 26864 电力系统继电保护产品动模试验

DL/T 478 继电保护和安全自动装置通用技术条件

DL/T 630 交流采样远动终端技术条件

DL/T 634.5104—2009 远动设备及系统 第 5-104 部分：传输规约 采用标准传输协议集的 IEC 60870-5-101 网络访问

DL/T 687　微机型防止电气误操作系统通用技术条件

DL/T 770　变压器保护装置通用技术条件

DL/T 860.10　电力自动化通信网络和系统　第 10 部分：一致性测试

DL/T 1241　电力专用以太网交换机技术规范

Q/GDW 441　智能变电站继电保护技术规范

3　资质信息

3.1　企业信息

3.1.1　基本信息

查阅营业执照。

供应商为中华人民共和国境内依法注册的法人或其他组织。

3.1.2　法定代表人/负责人信息

查阅法定代表人/负责人身份证（或护照）。

3.1.3　财务信息

查阅审计报告、财务报表，其中审计报告为具有资质的第三方机构出具。

3.1.4　资信等级证明

查阅银行或专业评估机构出具的证明。

3.1.5　注册资本和股本结构

查阅验资报告。

3.2　※报告证书

3.2.1　检测报告

查阅检测报告、送样样品生产过程记录以及其他支撑资料。

a)　检测报告出具机构为国家授权的专业检测机构或者国际专业权威机构。境内检验机构具有计量认证证书（CMA）及中国合格评定国家认可委员会颁发的试验室认可证书（CNAS），且证书附表检测范围涵盖所核实产品。

b)　检测报告的委托方和产品制造方是供应商自身。

c)　型式（检验）试验报告符合相应的国家标准、电力行业标准、国家电网有限公司企业标准和物资采购标准规定的试验项目和试验数值的要求，试验报告项目应符合附录 A。

d)　当产品在设计、关键材料、元器件、装置软件或制造工艺改变或者产品转厂生产或异地生产时，重新进行完整的型式（检验）试验。

e)　多种行业标准并存时，优先执行电力行业标准和国家电网有限公司企业标准。

f)　智能变电站自动化系统及设备供应商的产品具备电力行业检验检测机构依据 DL/T 860.10 出具的一致性检验报告，其中变电站（含智能变电站）监控系统中使用的交换机提供符合 DL/T 1241 要求的检测报告。传统变电站防误闭锁系统、智能变电站智能防误系统供应商的产品具备电力行业检验检测机构依据 DL/T 860.10 出具的一致性检验报告。

g) 国家标准、行业标准规定的检测报告有效期有差异的，以有效期短的为准；国家标准、行业标准均未明确检测报告有效期的，检测报告有效期按长期有效认定。

3.2.2 动模试验报告

查阅动模试验以及其他支撑材料。

a) 110kV 变压器和线路保护测控一体化装置还需要提供动模试验报告。型式（检验）试验报告、动模试验报告宜分开出具，并且在有效期内。

b) 当产品在设计、关键材料或制造工艺改变、产品转厂生产或异地生产时，重新进行相应的动模试验。

3.2.3 管理体系认证

查阅管理体系认证证书，具有质量管理体系证书，证书在有效期内，有定期年检记录且认证范围涵盖被核实产品。

3.3 产品业绩

查阅供货合同及相对应的合同销售发票。

a) 合同的供货方和实际产品的生产方均为供应商自身。

b) 不予统计的业绩有（不限于此）：

1) 与同类产品制造厂之间的业绩（2015 年以后国网整站招标的除外）。

2) 作为元器件、组部件的业绩。

3) 出口业绩。

4) 用户工程的业绩。

5) 产品用于试验室或试验站的业绩。

注：设备接入电压等级低于 110kV 的工程或无法明确运行维护管理规定的工程视为用户工程。

4 设计研发能力

4.1 技术来源与支持

查阅与有技术合作支持方的查阅技术协作协议，以及设计文件图纸等相关信息。

4.2 设计研发内容

查阅产品、材料的设计、试验、关键工艺技术、质量控制方面的研发情况。

4.3 设计研发人员

查阅设计研发部门的机构设置及人员信息。

4.4 设计研发工具

查验供应商实际研发设计工具。

4.5 获得专利情况

查阅产品相关的已获授权专利证书。

4.6 参与标准制（修）订情况

查阅参与制（修）订并已颁布的标准等证明材料信息。

4.7 产品获奖情况

查阅与产品相关的省部级及以上获奖证书等相关信息。

4.8 软件管理能力

查阅与软件管理相关的供应商提供的规章制度文件、过程记录以及相关证书核实。

4.9 该企业参与的重大项目

查阅有关证明供应商参与重大项目的资料信息。

4.10 商业信誉

查阅企业相关国家、行业或第三方发布的综合实力、品牌等排名。

5 生产制造能力

5.1 ※生产厂房

查阅不动产权证书、土地使用权证、房屋产权证、厂房设计图纸、房屋租赁合同、用电客户编号等相关信息。

具有与产品相配套的厂房，厂房为自有或长期租赁，厂房面积、洁净程度符合生产产品的要求。

5.2 ※生产工艺

5.2.1 工艺控制文件

查阅工艺控制文件、管理文件等相关信息。

各工序的作业指导书、工艺控制文件齐全、统一、规范。其工艺文件中所规定的关键技术要求和技术参数不低于国家标准、电力行业标准、国家电网有限公司企业标准和物资采购标准。各工艺环节中无国家明令禁止的行为。

完整的工艺文件包括产品质量重要度分级、外购外协件清单及检测标准、生产工序流程、过程控制工艺卡、产品质量检验标准、生产操作手册、安装使用说明书等。

5.2.2 关键生产工艺控制

查阅工艺流程控制记录等相关资料。

产品工艺技术成熟、稳定。从原材料/组部件到产品入库所规定的每道工序的工艺技术能保证产品生产的需要。生产产品的各个工序按工艺文件执行，现场记录内容规范、详实，并具有可追溯性。现场定置管理，有明显的标识，主要的生产设备的操作规程图表上墙。

5.3 ※生产设备

查阅设备的现场实际情况及购买发票等相关信息。

a) 具有与产品生产相适应的设备，主要生产设备不能租用或借用。

  主要生产设备包含元器件筛选设备，宜具备单插件自动测试设备、整机检验检测设备、高温老化设备等。

b) 生产设备使用正常，计量仪器、仪表具有相应资质单位出具的有效检定证书或校准证书，并在检定合格期内。建立设备管理档案（包括使用说明、台账、保养维护记录等），其维修保养等记录规范详实，具有可追溯性。

5.4 生产、技术、质量管理人员

查阅人力资源部门管理文件（如劳动合同、人员花名册、社保证明等），包括生产、技术、质量管理等人员数量。结合现场实际情况，观察现场人员的操作水平。

a) 具有生产需要的专职生产人员及技术人员。一线生产人员培训上岗，操作熟练。

b) 具有质量管理组织机构、质量管理部门及人员。

6 试验检测能力

6.1 ※试验场所

查看试验场所现场情况。

具有与试验产品相配套的试验场所，具有除尘及防静电措施，试验场所环境符合试验要求。

6.2 ※试验检测管理

查阅相关的规章制度文件、过程记录以及出厂试验报告等相关信息。

具有试验室管理制度、操作规程、试验标准，并在操作过程中严格按照规程执行。

6.3 ※试验检测设备

查阅设备的现场实际情况及购买发票等相关信息。

a) 设备齐全，符合进行国家标准、电力行业标准、国家电网有限公司企业标准和物资采购标准所规定的逐个试验和抽样试验检测要求，不能委托其他单位进行。主要试验设备包含绝缘耐压测试仪、交流采样测量装置校验仪、微机保护测试仪，宜具备单插件自动检测设备、整机自动检测设备。

b) 试验设备使用正常，计量仪器、仪表具有相应资质单位出具的有效检定证书或校准证书，并在检定合格期内。建立设备管理档案（包括使用说明、台账、保养维护记录等），其维修保养等记录规范详实，具有可追溯性。

6.4 试验检测人员

查阅人力资源部门管理文件（如劳动合同、人员花名册等）、人员资质证书以及培训记录。

试验人员能独立完成试验，操作熟练，能理解或掌握相关国家标准、电力行业标准、国家电网有限公司企业标准和物资采购标准的有关规定，并具有一定的试验结果分析能力。试验人员至少两人，经过考核培训持证上岗。

6.5 ※现场抽样

6.5.1 抽查出厂试验报告

现场抽查至少两份出厂试验报告，报告规范完整、项目齐全。

6.5.2 抽样检测

原则上现场应对与被核实产品相同或相近型式的产品进行抽样检验。样品应在供应商声明的合格产品中抽取，抽样检验项目一般在出厂试验项目中选取。抽样检验重点核实供应商试验方法、试验场地环境、人员操作能力、仪器设备有效性和产品性能等方面。

现场抽取申请核实产品两台，抽检两项出厂例行试验项目，检测结果符合对应产品

出厂试验报告。

7 原材料/组部件管理

7.1 ※管理规章制度
查阅原材料/组部件管理规章制度。
a) 具有进厂检验制度和原材料/组部件管理制度。
b) 具有主要原材料/组部件供应商筛选制度，外购原材料/组部件生产厂家通过质量管理体系认证。

7.2 ※管理控制情况
查看原材料/组部件管理实际执行情况。
a) 不能采用国家明令禁止的原材料/组部件。
b) 按工艺文件所规定的技术要求和相应管理文件，根据生产计划采购。主要原材料/组部件供应商变更有相应的报告并在相关工艺文件中说明。
c) 按规定进行进厂检验，验收合格后入库。
d) 分类独立存放，物资仓库有足够的存储空间和适宜的环境，实行定置管理，标识清晰、正确、规范、合理。
e) 原材料/组部件管理制度严格执行，且原材料/组部件使用现场记录内容规范、详实，并具有可追溯性。

8 数智制造

应用互联网和物联网技术，打造"透明工厂"，生产制造、试验检验、原材料/组部件管理等信息对买方公开，接入国家电网电工装备智慧物联平台。

加强数字基础设施建设，推动数字技术与先进制造技术融合发展。供应商相关业务数据、原材料/组部件检验数据、生产过程检验数据、出厂试验数据、成品信息数据和视频数据等支持自动采集或系统推送。数据接口需保障数据完整性、正确性、安全性，具有可扩展性、通信实时性等。

具有原材料/组部件数据及检验数据接入条件，从原材料采购直至原材料检验入库过程中关键工艺主要包括继电器、电源模块、互感器3项。

具有工艺控制数据及检测数据接入条件，生产工艺流程中关键工艺主要包括环境温湿度、回流焊、波峰焊、板卡检测、装置组装、绝缘耐压、连续通电试验、装置检测8项。

具有出厂试验数据接入条件，关键试验流程包括：出厂检测、系统联调两项。

具有视频接入条件，设备视频数据采集应包括回流焊、波峰焊、装置检测、出厂检测4个区域。

9 绿色发展

查看供应商资源能源消耗情况、战略体系、绿色认证及其他支撑材料，包括：

a) 相关油、水、气、煤及电力、热力等能源消耗，建立能源利用统计报表制度，分析生产经营环节能源利用情况。

b) 相关绿色工厂认证、绿色产品标识、绿色供应链管理等相关资质文件。

c) 将绿色发展理念融入战略体系中，并形成明确的绿色发展目标，并制定详实，且具有操作性的实施路径。

d) 建立、实施并保持支撑企业绿色低碳发展的绿色管理体系情况，包括但不限于能源管理体系、碳排放管理体系、能源计量管理体系等。

e) 使用无害原材料，禁止使用国家明令禁止的淘汰设备、工艺技术等，并应用国家鼓励的节能设备与先进工艺技术情况。

f) 建立完善的绿色采购管理制度，推广绿色包装材料应用，并建立系统的循环利用体系，实施绿色制造情况。

g) 生产环节的大气污染物排放、水体污染物排放、固体废弃物排放、噪声排放等基础排放符合相关国家标准及地方标准要求情况。

10 售后服务及产能

10.1 售后服务

查阅管理文件、组织机构设置、人员档案以及售后服务记录等相关信息。

a) 具备电力工程经验的人员，能够保证设备在工程现场进行技术支持。

b) 具备提供 24 小时电话服务能力，并具有相应的技术服务团队和备品备件。当运行中的设备出现危及系统安全的故障时，具备在规定时间内到达故障现场处理的能力。

10.2 产能

产能情况通过现场实际情况及供应商提供的产能计算报告，根据产品生产的瓶颈进行判断。

本文件中所有核实内容都将对供应商参与招投标活动有重要影响，其中标记"※"的内容是以往招标必备项的要求，也是重点核实内容，其他未标记"※"的为一般核实内容。

附 录 A
试验、检验报告项目

A.1 型式试验项目（传统变电站及智能变电站自动化系统及设备适用）

A.1.1 电气性能、环境检验（测控装置、保护测控集成装置适用）

电气性能、环境检验项目从以下项目中选定：

a) 外观检查；

b) 测量元件准确度；

c) 功能试验；

d) 连续通电试验；

e) 功率消耗试验；

f) 温度影响试验；

g) 绝缘性能试验；

h) 湿热性能试验；

i) 机械性能试验；

j) 直流电源影响试验（保护测控集成装置适用）；

k) 过载能力试验（保护测控集成装置适用）；

l) 温度贮存试验（保护测控集成装置适用）；

2017 年 3 月 31 日以后出具的型式试验报告包括以下项目：

m) 介质强度试验；

n) 冲击电压试验；

o) 出口继电器检查（保护测控集成装置适用）。

A.1.2 电磁兼容检验

电磁兼容检验项目从以下项目中选定：

a) 静电放电；

b) 快速瞬变抗扰度；

c) 辐射电磁场抗扰度；

d) 浪涌（冲击）抗扰度；

2017 年 3 月 31 日以后出具的型式试验报告包括以下项目：

e) 1MHz、100kHz 脉冲群抗扰度；

f) 阻尼振荡磁场抗扰度；

g) 工频磁场抗扰度；

h) 电压跌落；

i) 脉冲磁场抗扰度（保护测控集成装置适用）；

j) 工频抗扰度（保护测控集成装置适用）；

k) 射频场感应的传导骚扰抗扰度（保护测控集成装置适用）；

l) 辐射发射（保护测控集成装置适用）；

m) 传导发射（保护测控集成装置适用）。

A.2 一致性测试（传统变电站及智能变电站自动化系统及设备适用）

DL/T 860.10 一致性检验项目：

文件和版本控制、配置文件、应用关联模型、数据集模型、服务器/逻辑设备/逻辑节点/数据模型、定植组控制模型、报告模型、采样值模型、时间和时间同步模型、文件传输模型。

A.3 动模试验报告（传统变电站及智能变电站自动化系统及设备适用）

GB/T 26864 中规定的各类保护产品的试验项目要求。

A.4 现场抽样检测项目（传统变电站及智能变电站自动化系统及设备适用）

现场抽样检测项目从以下项目中选定：

a) 外观检查；

b) 基本性能试验（包括部分测量精度、SOE 分辨率等）；

c) 绝缘电阻测试；

d) 连续通电试验。

A.5 型式试验项目（传统变电站及智能变电站防误闭锁系统适用）

A.5.1 电气性能、环境检验

电气性能、环境检验项目从以下项目中选定：

a) 结构及外观检测；

b) 功能检测；

c) 基本性能；

d) 环境条件影响检测；

e) 绝缘性能检测；

f) 机械性能检测；

g) 稳定性检测；

h) 业务安全检测（适用于防误主机）；

i) 通用安全检测（适用于防误主机）。

A.5.2 电磁兼容检验

电磁兼容检验项目从以下项目中选定：

a) 静电放电抗扰度检测；

b) 射频电磁场辐射抗扰检测；

c) 电快速瞬变脉冲群抗扰度检测；

d) 浪涌（冲击）抗扰度检测；

e) 射频场感应的传导骚扰抗扰检测；

f) 工频磁场抗扰度检测；

g) 脉冲磁场抗扰度检测；

h) 阻尼振荡波抗扰度检测。

A.6 一致性测试（传统变电站及智能变电站防误闭锁系统适用）

DL/T 860.10 一致性检验项目：

文件和版本控制、配置文件、应用关联模型、数据集模型、服务器/逻辑设备/逻辑节点/数据模型、定植组控制模型、报告模型、采样值模型、时间和时间同步模型、文件传输模型。

A.7 现场抽样检测项目（传统变电站及智能变电站防误闭锁系统适用）

现场抽样检测项目从以下项目中选定：

a) 外观检查；

b) 基本功能试验（操作票预演功能）适用于防误主机；

c) 基本功能试验（开锁操作检测）适用于就地防误单元；

d) 绝缘电阻测试；

e) 连续通电试验。

信息设备制造商资质能力信息核实规范

目　次

信息设备制造商资质能力信息核实规范

1 总则

1.1 一般规定

本文件是国家电网有限公司对信息设备制造商的资质条件以及制造能力信息进行核实的依据。

1.2 适用范围

本文件适用于国家电网有限公司信息设备制造商的信息核实工作。

1.3 定义

下列定义适用于本文件：

供应商是指参与国家电网有限公司招标项目投标的法人或其他组织。

制造商是指供应商用来参与投标产品或参与资质能力核实产品的生产者。

2 资质信息

2.1 企业信息

2.1.1 ※基本信息

查阅营业执照。

对于信息安全设备（防火墙、入侵防御系统、入侵检测系统），制造商应为中华人民共和国境内依法注册的法人或其他组织，无外资成分（营业执照的公司类型为非外商独资、非中外合资、非中外合作经营）。

2.1.2 法定代表人/负责人信息

查阅制造商的法定代表人/负责人身份证（或护照）。

2.1.3 财务信息

查阅制造商的审计报告、财务报表，其中审计报告为具有资质的第三方机构出具。

2.1.4 注册资本和股本结构

查阅制造商的验资报告等资料。

2.2 报告证书

2.2.1 ※检验报告/3C 认证证书

查阅检测报告、送样样品生产过程记录以及其他支撑资料。

    a) 服务器（PC 服务器、定制化服务器）、数据通信网设备（网络路由器和网络交换机）、光纤通信设备［光缆终端设备（OLT）、光网络单元设备（ONU）］、存储设备（磁盘阵列）、变电集控站监控系统产品，供应商应提供检验报告。网络设备（负载均衡器）、数据网络设备（光纤交换机）、信息安全设备（防火墙、入侵防御系统及入侵检测系统）产品，供应商应提供检测报告或3C认证证书。

b) 检测报告或 3C 认证证书出具机构为国家授权的专业检测机构或者国际专业权威机构。境内检测机构具有计量认证证书（CMA）及中国合格评定国家认可委员会颁发的实验室认可证书（CNAS），且证书附表检测范围涵盖所核实产品。

c) 检测报告的委托方和产品制造方是供应商自身。

d) 检验报告符合相应的国家标准、电信行业标准、国家电网有限公司物资采购标准规定的试验项目和试验数值的要求。

e) 国家标准、行业标准规定的检测报告有效期有差异的，以有效期短的为准；国家标准、行业标准均未明确检测报告有效期的，检测报告有效期按长期有效认定。

2.2.2 ※管理体系认证

查阅管理体系认证证书，具有质量管理体系证书，证书在有效期内，有定期年检记录。

2.2.3 ※进网许可证

对于数据通信网设备（网络路由器和网络交换机）及光纤通信设备［光缆终端设备（OLT）、光网络单元设备（ONU）］，查阅工业和信息化部（或原信产部）颁发的有效进网许可证，且在有效期内，申请单位和生产企业应为制造商自身。

对于数据通信网设备［网络路由器（高端路由器Ⅰ、高端路由器Ⅱ、中端路由器）和网络交换机（数据中心交换机Ⅰ类、数据中心交换Ⅱ类、数据中心接入交换机、高端交换机、中端交换机、SDN核心交换机、SDN接入交换机）］，同时提供公告中指定日期之前颁发的对应产品的进网许可证。

2.2.4 ※销售许可证及认证

对于信息安全设备（防火墙、入侵防御系统及入侵检测系统），查阅由公安部颁发的销售许可证及由中国信息安全认证中心颁发的中国国家信息安全产品认证证书，且在有效期内，（申请）单位名称应为制造商自身。

其中，对于入侵防御系统、入侵检测系统，进一步查阅由国家保密科技测评中心（或国家保密局涉密信息系统安全保密测评中心）颁发的涉密信息系统产品检测证书，且在有效期内，单位名称应为制造商自身。

2.2.5 商业信誉

查阅企业相关国家、行业或第三方发布的综合实力、品牌等排名。

2.3 产品业绩

查阅销售到最终用户的供货合同。

a) 合同的供货方和实际产品的生产方均为供应商自身。

b) 不予统计的业绩有（不限于此）：

　　1) 与同类产品制造厂之间的业绩。

　　2) 作为元器件、组部件的业绩。

　　3) 出口业绩。

4） 供应商与代理商之间的供货业绩。

5） 产品用于试验室或试验站的业绩。

3 生产制造能力

3.1 生产厂房

查阅不动产权证书、土地使用权证、房屋产权证、厂房设计图纸、房屋租赁合同、用电客户编号等相关信息。

具有与产品相配套的厂房，厂房为自有或长期租赁，厂房面积符合生产产品的要求。

3.2 生产、技术、质量管理人员

查阅人力资源部门管理文件（如劳动合同、人员花名册、社保证明等），包括生产、技术、质量管理等人员数量。结合现场实际情况，观察现场人员的操作水平。

a） 具有生产需要的专职生产人员及技术人员。一线生产人员培训上岗，操作熟练。

b） 具有质量管理组织机构、质量管理部门及人员。

4 数智制造

应用互联网和物联网技术，打造"透明工厂"，生产制造、试验检验、原材料/组部件管理等信息对买方公开，接入国家电网电工装备智慧物联平台。

加强数字基础设施建设，推动数字技术与先进制造技术融合发展。供应商相关业务数据、原材料/组部件检验数据、生产过程检验数据、出厂试验数据、成品信息数据和视频数据等支持自动采集或系统推送。数据接口需保障数据完整性、正确性、安全性，具有可扩展性、通信实时性等。

5 绿色发展

查看供应商资源能源消耗情况、战略体系、绿色认证及其他支撑材料，包括：

a） 相关油、水、气、煤及电力、热力等能源消耗，建立能源利用统计报表制度，分析生产经营环节能源利用情况。

b） 相关绿色工厂认证、绿色产品标识、绿色供应链管理等相关资质文件。

c） 将绿色发展理念融入战略体系中，并形成明确的绿色发展目标，并制定详实，且具有操作性的实施路径。

d） 建立、实施并保持支撑企业绿色低碳发展的绿色管理体系情况，包括但不限于能源管理体系、碳排放管理体系、能源计量管理体系等。

e） 使用无害原材料，禁止使用国家明令禁止的淘汰设备、工艺技术等，并应用国家鼓励的节能设备与先进工艺技术情况。

f） 建立完善的绿色采购管理制度，推广绿色包装材料应用，并建立系统的循环利用体系，实施绿色制造情况。

g） 生产环节的大气污染物排放、水体污染物排放、固体废弃物排放、噪声排放等

基础排放符合相关国家标准及地方标准要求情况。

6　售后服务

查阅制造商的售后服务管理文件、组织机构设置、督导人员档案、售后服务承诺（包括服务热线、故障响应情况、软件升级及备品备件供应情况、服务网点数量、售后服务人员数量）。

本文件中所有核实内容都将对供应商参与招投标活动有重要影响，其中标记"※"的内容是以往招标必备项的要求，也是重点核实内容，其他未标记"※"的为一般核实内容。

通信设备集成服务及新建通信网设备供应商资质能力信息核实规范

目　次

通信设备集成服务及新建通信网设备
供应商资质能力信息核实规范

1 范围

本文件规定了国家电网有限公司对通信设备集成服务及新建通信网设备产品供应商的资质条件以及制造能力信息进行核实的依据。

本文件适用于国家电网有限公司通信设备集成服务及新建通信网设备供应商的信息核实工作。

2 规范性引用文件

下列文件中的内容通过文中的规范性引用而构成本文件必不可少的条款。其中，注日期的引用文件，仅该日期对应的版本适用于本文件；不注日期的引用文件，其最新版本（包括所有的修改单）适用于本文件。

GB/T 7611　数字网系列比特率电接口特性

GB/T 15941　同步数字体系（SDH）光缆线路系统进网要求

GB/T 16814　同步数字体系（SDH）光缆线路系统测试方法

GB/T 20185　同步数字体系设备和系统的光接口技术要求

GB/T 20187　光传送网体系设备的功能块特性

GB/T 26866　电力系统的时间同步系统检测规范

DL/T 1100.1　电力系统的时间同步系统　第1部分：技术规范

T/CEC 192　电力通信机房动力环境监控系统及接口技术规范

YD 5199　分组传送网（PTN）工程设计暂行规定

YD 5200　分组传送网（PTN）工程验收暂行规定

YDN 099　光同步传送网技术体制

YD/T 900　SDH设备技术要求——时钟

YD/T 1022　同步数字体系（SDH）设备功能要求

YD/T 1099　以太网交换机技术要求

YD/T 1141　以太交换机测试方法

YD/T 1159　光波分复用（WDM）系统测试方法

YD/T 1167　STM-64分插复用（ADM）设备技术要求

YD/T 1238　基于SDH的多业务传送节点技术要求

YD/T 1267　基于SDH传送网的同步技术要求

YD/T 1274　光波分复用系统（WDM）技术要求——160×10Gb/s、80×10Gb/s 部分

YD/T 1276　基于 SDH 的多业务传送节点测试方法

YD/T 1289.2　同步数字系列（SDH）传送网网络管理技术要求　第二部分：网元管理系统（EMS）功能

YD/T 1443　通用成帧规程（GFP）技术要求

YD/T 1462　光传送网（OTN）接口

YD/T 1631　同步数字体系（SDH）虚级联及链路容量调整方案技术要求

YD/T 1634　光传送网（OTN）物理层接口

YD/T 1990　光传送网（OTN）网络总体技术要求

YD/T 2003　可重构的光分插复用（ROADM）设备技术要求

YD/T 2148　光传送网（OTN）测试方法

YD/T 2336.1　分组传送网（PTN）网络管理技术要求　第 1 部分：基本原则

YD/T 2336.2　分组传送网（PTN）网络管理技术要求　第 2 部分：NMS 系统功能

YD/T 2336.3　分组传送网（PTN）网络管理技术要求　第 3 部分：EMS-NMS 接口功能

YD/T 2336.4　分组传送网（PTN）网络管理技术要求　第 4 部分：EMS-NMS 接口通用信息模型

YD/T 2374　分组传送网（PTN）总体技术要求

YD/T 2376.3　传送网设备安全技术要求　第 3 部分：基于 SDH 的 MSTP 设备

YD/T 2397　分组传送网（PTN）设备技术要求

YD/T 2486　增强型多业务传送节点（MSTP）设备技术要求

YD/T 2487　分组传送网（PTN）设备测试方法

YD/T 2489　可重构的光分插复用（ROADM）设备测试方法

YD/T 2551　基于分组网络的频率同步网技术要求

YD/T 2713　光传送网（OTN）保护技术要求

YD/T 2755　分组传送网（PTN）互通技术要求

YD/T 2898　光传送设备节能参数和测试方法　PTN 设备

YD/T 3003　分组传送网（PTN）互通测试方法

YD/T 3391　光波分复用（WDM）系统总体技术要求

IEEE 802.3　IEEE 以太网协议标准

ITU-TG.703　系列数字接口的物理/电特性

ITU-TG.783　SDH 设备功能块的特性

3　资质信息

3.1　企业信息

3.1.1　※基本信息

查阅营业执照。

供应商为中华人民共和国境内依法注册的法人或其他组织。

3.1.2 法定代表人/负责人信息

查阅法定代表人/负责人身份证（或护照）。

3.1.3 财务信息

查阅审计报告、财务报表，其中审计报告为具有资质的第三方机构出具。

3.1.4 资信等级证明

查阅银行或专业评估机构出具的证明。

3.1.5 注册资本和股本结构

查阅验资报告。

3.2 报告证书

3.2.1 ※检验报告

查阅供应商或参与核实的产品制造商的检验报告、送样样品生产过程记录以及其他支撑资料。

检验报告需符合以下要求：

a) 检验报告出具机构为国务院产品质量监督部门认可的电信设备检测机构。

b) 检验报告的受检单位是产品制造商自身。

c) 不同型号产品的检验报告不相互替代。

d) 检验报告符合相应的国家标准、电信行业标准、国家电网有限公司物资采购标准规定的要求，并出具完整的、有效的检验报告扫描件。

e) 检验报告具有 CNAS 或 CMA 标志。

f) 国家标准、行业标准规定的检测报告有效期有差异的，以有效期短的为准；国家标准、行业标准均未明确检测报告有效期的，检测报告有效期按长期有效认定。

3.2.2 ※管理体系认证

查阅管理体系认证证书，具有质量管理体系证书，证书在有效期内，有定期年检记录且认证范围涵盖被核实产品。

3.2.3 ※电信设备进网许可证

查阅供应商参与核实的产品制造商的电信设备进网许可证。

进网许可证为中华人民共和国工业和信息化部出具的有效资质证件，且在有效期内。

3.3 产品业绩

查阅供货合同及相对应的合同销售发票。

产品业绩需符合以下要求：

a) 供应商的供货业绩：

"SDH 传输设备（≥2.5G）外购集成服务"供货业绩。

对于"SDH 传输设备（≥2.5G）外购集成服务"，只认可供应商与中国移动（铁通）、中国联通、中国电信三大运营商以及铁路、广电、石油、电力、银行、军队、公安、教育、医疗等企业或组织间的业绩，且提供的合同等业绩证明材料中的买方单位名称能直接体现其单位性质为上述范围。（注：广电于 2016 年 5

月 5 日获得电信基础业务运营牌照，暂按专网计算。）

b) 供应商的供货业绩不予统计的业绩有（不限于此）：

1) 供应商与同类产品制造厂之间的业绩。

2) 供应商销售元器件、组部件的业绩（供应商销售元器件、组部件为整体设备的一部分，不能代表投标的整体设备，其所提供的整体试验报告也不能代表元器件或组件的性能，其业绩不予统计）。

3) 供应商与代理商业绩。

4) 供应商与供应商之间的业绩。

5) 供应商自身销售的业绩，但无法提供供货合同或发票。

4　技术实力

4.1　人员构成情况

查阅供应商的人员信息。

4.2　自主软件情况

查阅供应商的软件产品登记证书，软件产品登记证书在有效期内。

4.3　获得专利情况

查阅供应商获得的国家发明专利证书，专利在保护期内，且与申请核实产品相关。

4.4　资质情况

查阅供应商的"计算机信息系统集成一级资质"（中国工业和信息化部发）证书，或"信息系统建设和服务 CS5 级资质"（中国电子信息行业联合会发）证书。资质证书在有效期内。

4.5　商业信誉

查阅企业相关国家、行业或第三方发布的综合实力、品牌等排名。

5　数智制造

应用互联网和物联网技术，打造"透明工厂"，生产制造、试验检验、原材料/组部件管理等信息对买方公开，接入国家电网电工装备智慧物联平台。

加强数字基础设施建设，推动数字技术与先进制造技术融合发展。供应商相关业务数据、原材料/组部件检验数据、生产过程检验数据、出厂试验数据、成品信息数据和视频数据等支持自动采集或系统推送。数据接口需保障数据完整性、正确性、安全性，具有可扩展性、通信实时性等。

6　绿色发展

查看供应商资源能源消耗情况、战略体系、绿色认证及其他支撑材料，包括：

a) 相关油、水、气、煤及电力、热力等能源消耗，建立能源利用统计报表制度，分析生产经营环节能源利用情况。

b) 相关绿色工厂认证、绿色产品标识、绿色供应链管理等相关资质文件。

c) 将绿色发展理念融入战略体系中，并形成明确的绿色发展目标，并制定详实，且具有操作性的实施路径。

d) 建立、实施并保持支撑企业绿色低碳发展的绿色管理体系情况，包括但不限于能源管理体系、碳排放管理体系、能源计量管理体系等。

e) 使用无害原材料，禁止使用国家明令禁止的淘汰设备、工艺技术等，并应用国家鼓励的节能设备与先进工艺技术情况。

f) 建立完善的绿色采购管理制度，推广绿色包装材料应用，并建立系统的循环利用体系，实施绿色制造情况。

g) 生产环节的大气污染物排放、水体污染物排放、固体废弃物排放、噪声排放等基础排放符合相关国家标准及地方标准要求情况。

7 售后服务

查阅管理文件、组织机构设置、督导人员档案、售后服务承诺（包括服务热线、故障响应情况、软件升级及备品备件供应情况）。

本文件中所有核实内容都将对供应商参与招投标活动有重要影响，其中标记"※"的内容是以往招标必备项的要求，也是重点核实内容，其他未标记"※"的为一般核实内容。